C. Delavigne.

THÉATRE.

3.

OEUVRES
DE
C. DELAVIGNE.

IMPRIMERIE DE LAURENT FRÈRES.

OEUVRES

DE

C. DELAVIGNE,

MEMBRE DE L'ACADÉMIE FRANÇAISE.

THÉATRE, TOME III.

BRUXELLES.

LOUIS HAUMAN ET COMP^e.

1832.

MARINO FALIERO,

PIÈCE EN CINQ ACTES;

REPRÉSENTÉE SUR LE THÉATRE DE LA PORTE SAINT-MARTIN, LE 30 MAI 1829.

PERSONNAGES.

MARINO FALIERO, doge. — M. Ligier.
LIONI, patricien, un des Dix. — M. Auguste.
FERNANDO, neveu du doge. — M. Marius.
STENO, jeune patricien, un des Quarante. — M. Locroi.
ISRAEL BERTUCCIO, chef de l'arsenal. — M. Gobert.
BERTRAM, sculpteur. — M. Jemma.
BENETINDE, chef des Dix. — M. Paul.
PIETRO, gondôlier. — M. Serre.
STROZZI, condottiere. — M. Moessard.
VEREZZA, affidé du conseil des Dix. — M. Edouard.
VICENZO, officier du palais ducal. — M. Dugy.
ELENA, femme du doge. — Mme Dorval.
Les DIX, la JUNTE, les seigneurs de la nuit, gondoliers, condottieri, gardes, personnages parés et masqués.

La scène est à Venise en 1355.

MARINO FALIERO.

ACTE PREMIER.

[L'appartement du doge.]

SCÈNE PREMIÈRE.

ELENA. *Elle est assise, et brode une écharpe.*

Une écharpe de deuil, sans chiffre, sans devise !
Hélas ! triste présent ! mais je l'avais promise,
Je devais l'achever... Vaincu par ses remords,
Du moins après ma faute il a quitté nos bords ;
Il recevra ce prix de l'exil qu'il s'impose.
                (Elle se lève et s'approche de la fenêtre.)
Le beau jour ! que la mer où mon œil se repose,
Que le ciel radieux brillent d'un éclat pur,
Et que Venise est belle entre leur double azur !
Lui seul ne verra plus nos lagunes chéries :

Il n'est qu'une Venise! on n'a pas deux patries!...
Je pleure... oui, Fernando, sur mon crime et le tien.
Pourquoi pleurer? j'ai tort : les pleurs n'effacent rien.
Mon bon, mon noble époux aime à me voir sourire;
Eh bien! soyons heureuse, il le faut... Je veux lire.
(Elle s'assied et ouvre un livre.)
Le Dante, mon poète! essayons... je ne puis.
Nous le lisions tous deux : je n'ai pas lu depuis.
(Elle reprend le livre qu'elle avait fermé.)
Ses beaux vers calmeront le trouble qui m'agite.

> « C'est par moi qu'on descend au séjour des douleurs :
> » C'est par moi qu'on descend dans la cité des pleurs;
> » C'est par moi qu'on descend chez la race proscrite.
>
> » Le bras du Dieu vengeur posa mes fondemens;
> » La seule éternité précéda ma naissance,
> » Et comme elle à jamais je dois survivre au temps :
> » Entrez, maudits, plus d'espérance ! »

Quel avenir, ô ciel, veux-tu me révéler?
Je tremble : est-ce pour moi que ces vers font parler
La porte de l'abîme, où Dieu dans sa colère
Plonge l'amant coupable et l'épouse adultère?...
Où suis-je, et qu'ai-je vu? Fernando!

SCÈNE II.

ELENA, FERNANDO.

FERNANDO.

Demeurez !
Le doge suit mes pas : c'est lui que vous fuirez.
Près de vous, Eléna, son neveu doit l'attendre.

ÉLÉNA.

Vous ne me direz rien que je ne puisse entendre,
Fernando, je demeure.

FERNANDO.

Eh quoi ! vous détournez
Vos yeux qu'à me revoir j'ai trop tôt condamnés !
Quel prix d'un an d'absence où j'ai langui loin d'elle !

ÉLÉNA.

Cette absence d'un an devait être éternelle ;
Mais j'ai donné l'exemple, et ce n'est plus de moi
Qu'un autre peut apprendre à respecter sa foi.

FERNANDO.

Que vous reprochez-vous ? n'accusez que moi-même.
Vos remords sont les miens près d'un vieillard qui
[m'aime.
Je me contrains pour lui, que la douleur tûrait,

Pour vous, que son trépas au tombeau conduirait.
Mais tout à l'heure encor quelle angoisse mortelle
Me causait de ses bras l'étreinte paternelle !
Tout mon sang s'arrêtait, quand sa main a pressé
Ce cœur qui le chérit et l'a tant offensé ! [te.
Ses pleurs brûlaient mon front qui rougissait de hon-
ÉLÉNA.
Et le tourment qu'il souffre à plaisir il l'affronte,
Il le cherche, et pourquoi ?
FERNANDO.
Pour suspendre un moment,
En changeant de douleurs, un plus affreux tourment.
Ce n'est pas mon amour, n'en prenez point d'ombrage.
Restez, ce n'est pas lui qui dompta mon courage;
J'en aurais triomphé ! mais c'est ce désespoir
Que n'ont pu, dans l'exil, sentir ni concevoir
Tous ces heureux bannis de qui l'humeur légère
A fait des étrangers sur la rive étrangère.
C'est ce dégoût d'un sol que voudraient fuir nos pas ;
C'est ce vague besoin des lieux où l'on n'est pas,
Ce souvenir qui tue : oui, cette fièvre lente,
Qui fait rêver le ciel de la patrie absente.
C'est ce mal du pays dont rien ne peut guérir,
Dont tous les jours on meurt sans jamais en mourir.
Venise !...

ACTE I, SCENE II.

ÉLÉNA.

Hélas !

FERNANDO.

O bien qu'aucun bien ne peut rendre
O patrie ! ô doux nom que l'exil fait comprendre ;
Que murmurait ma voix, qu'étouffaient mes sanglots,
Quand Venise en fuyant disparut sous les flots !
Pardonnez, Eléna ; peut-on vivre loin d'elle ?
Si l'on a vu les feux dont son golfe étincelle,
Connu ses bords charmans, respiré son air doux,
Le ciel sur d'autres bords n'est plus le ciel pour nous.
Que la froide Allemagne et que ses noirs orages
Tristement sur ma tête abaissaient leurs nuages !
Que son pâle soleil irritait mes ennuis !
Ses beaux jours sont moins beaux que nos plus som-
[bres nuits.
Je disais, tourmenté d'une pensée unique :
Soufflez encor pour moi, vents de l'Adriatique !
J'ai cédé, j'ai senti frémir dans mes cheveux
Leur brise qu'à ces mers redemandaient mes vœux.
Dieu ! quel air frais et pur inondait ma poitrine !
Je riais, je pleurais ; je voyais Palestrine,
Saint-Marc que j'appelais, s'approcher à ma voix,
Et tous mes sens émus s'enivraient à la fois
De la splendeur du jour, des murmures de l'onde,

Des trésors étalés dans ce bazar du monde, [lier!..
Des jeux, des bruits du port, des chants du gondo-
Ah! des fers dans ces murs qu'on ne peut oublier!
Un cachot,si l'on veut, sous leurs plombs redoutables,
Plutôt qu'un trône ailleurs, un tombeau dans nos sa-
[bles,
Un tombeau, qui parfois témoin de vos douleurs,
Soit foulé par vos pieds et baigné de vos pleurs!

ÉLÉNA.

Que les vôtres déjà n'arrosent-ils ma cendre !
Mais... ce ne fut pas moi, je me plais à l'apprendre,
Qui ramenai vos pas vers votre sol natal.
Il n'est plus cet amour qui me fut si fatal.
Quand sa chaîne est coupable un noble cœur la brise;
N'est-ce pas, Fernando ?.. Je voudrais fuir Venise,
Dont les bords désormais sont votre unique amour,
Et pour vous y laisser m'en bannir à mon tour.

FERNANDO.

Vous, Eléna ?

ÉLÉNA.

Qu'importe où couleraient mes larmes ?
A ne les plus cacher je trouverais des charmes.
Oui, mon supplice, à moi, fut de les dévorer,
Lorsque, la mort dans l'ame, il fallait me parer,
Laisser là mes douleurs, en effacer l'empreinte,

Pour animer un bal de ma gaîté contrainte :
Heureuse, en leur parlant, d'échapper aux témoins,
Dans ces nuits de délire, où je pouvais du moins
Au profit de mes pleurs tourner un fol usage,
Et sous un masque enfin reposer mon visage.

FERNANDO.

Je ne plaignais que moi !

ÉLÉNA.

Mon malheur fut plus grand :
J'ai tenu sur mon sein mon époux expirant.
Tremblante à son chevet, de remords poursuivie,
Je ranimais en vain les restes de sa vie.
Je croyais, quand sur lui mes yeux voyaient peser
Un sommeil convulsif qui semblait m'accuser,
Qu'un avis du cercueil, qu'un rêve, que Dieu même
Lui dénonçait mon crime à son heure suprême ;
Eh ! que de fois alors je pris pour mon arrêt
Les accens étouffés que sa voix murmurait !
Comment peindre le doute où flottaient mes pensées,
Quand ma main en passant sur ses lèvres glacées,
Interrogeait leur souffle, et que, dans mon effroi,
Tout, jusqu'à son repos, était sa mort pour moi ?
Je fus coupable, ô Dieu ! mais tu m'as bien punie,
La nuit où dans l'horreur d'une ardente insomnie,
Il se leva, sur moi pencha ses cheveux blancs,

Et pâle me bénit de ses bras défaillans ;
Il me parla de vous !

FERNANDO.

De moi !

ÉLÉNA.

Nuit vengeresse !
Nuit horrible ! et pourtant j'ai tenu ma promesse.
Jusqu'au pied des autels j'ai gardé mon secret.
L'offrande qu'à nos saints ma terreur consacrait,
Je la portais dans l'ombre au fond des basiliques ;
Je priais, j'implorais de muettes reliques,
Et sans bruit, sous les nefs je fuyais, en passant
Devant le tribunal d'où le pardon descend.

FERNANDO.

Mais le ciel accueillit votre ardente prière.

ÉLÉNA.

Celle des grands, du peuple et de Venise entière,
La mienne aussi peut-être ; et vous, vous qu'aujour-
[d'hui
Je trouve à mes chagrins moins sensible que lui,
Celle qui vous toucha quand vous m'avez quittée,
Pour l'oublier si tôt, l'avez-vous écoutée ?

FERNANDO.

Si je l'entends encor, c'est la dernière fois :
Je pars. L'Adriatique a revu les Génois ;

ACTE I, SCENE II.

Venise me rappelle, et sait que leur audace
A quelques beaux trépas va bientôt laisser place.
Vos vœux seront remplis, je reviens pour mourir.

ÉLÉNA.

Pour mourir!

FERNANDO.

Mais ce sang que le fer va tarir,
Avant de se répandre où Venise l'envoie,
A battu dans mon sein d'espérance et de joie.
Il palpite d'amour! à quoi bon retenir
Ce tendre et dernier cri que la mort doit punir?
Je vous trompais : c'est vous, ce n'est pas la patrie,
Vous, qui rendez la force à cette ame flétrie;
Vous, vous que je cherchais sous ce climat si doux,
Sur ce rivage heureux qui ne m'est rien sans vous!

ÉLÉNA.

Par pitié!...

FERNANDO.

Cette fois l'absence est éternelle :
On revient de l'exil, mais la tombe est fidèle.
Je pars... Je mourrai donc, sûr que mon souvenir
De mes tourmens jamais ne vint l'entretenir.
Ce prix qui m'était dû, qu'en vain je lui rappelle,
Cette écharpe, jamais... Dieu! qu'ai-je vu? C'est elle!
La voilà! je la tiens... Ah! tu pensais à moi!

Elle est humide encore, et ces pleurs je les croi.
Tu me trompais aussi; nos vœux étaient les mêmes :
Allons! je puis mourir : tu m'as pleuré, tu m'aimes!

ÉLÉNA, *qui veut reprendre l'écharpe.*

Fernando!

FERNANDO.

Ton présent ne me doit plus quitter;
C'est mon bien, c'est ma vie! et pourquoi me l'ôter?
Je le garderai peu; ce deuil est un présage :
Mais d'un autre que moi tu recevras ce gage,
Mais couvert de mon sang, pour toujours séparé
De ce cœur, comme lui, sanglant et déchiré,
Qui, touché des remords où son amour te livre,
Pour cesser de t'aimer, aura cessé de vivre.

ÉLÉNA.

On vient!

FERNANDO, *cachant l'écharpe dans son sein.*

Veillez sur vous un jour, un seul moment,
Par pitié pour tous trois.

ÉLÉNA.

Il le faut; mais comment
Contempler sans pâlir ces traits que je révère?

FERNANDO.

Quel nuage obscurcit leur majesté sévère!

SCÈNE III.

LES PRÉCÉDENS ; FALIERO.

FALIERO, *absorbé dans sa rêverie.*
Tous mes droits envahis, mon pouvoir méprisé !
Que n'ai-je pas souffert, que n'ont-ils point osé ?
Mais, après tant d'affronts dévorés sans murmure,
Cette dernière insulte a comblé la mesure.

ÉLÉNA.
Qu'entends-je ?

FERNANDO.
Que dit-il ?

FALIERO, *les apercevant.*
Chère Eléna, pardon !
Fernando, mes enfans, dans quel triste abandon
(A Fernando.)
Je languirais sans vous !... Tu nous restes, j'espère ?

FERNANDO.
Mais votre Altesse oublie...

FALIERO.
Appelle-moi ton père,
Ton ami.

FERNANDO.

Que l'état dispose de mon bras ;
Qui peut prévoir mon sort ?

FALIERO.

Qui ? moi. Tu reviendras.
La mort, plus qu'on ne pense, épargne le courage.
Regarde-moi ! j'ai vu plus d'un jour de carnage ;
Sous le fanal de Gêne et les murs des Pisans,
Plus d'un jour de victoire, et j'ai quatre-vingts ans.
Tu reviendras. Ce sceptre envié du vulgaire
Moissonne, Fernando, plus de rois que la guerre.

FERNANDO.

Ecartez vos ennuis !

FALIERO.

Pour en guérir, j'attends
Ce terme de ma vie, attendu trop long-temps ;
Tu portes sans te plaindre une part de ma chaîne,
Pauvre Eléna; je crus mon heure plus prochaine,
Lorsqu'à mon vieil ami je demandai ta main.
C'est un jour à passer, me disais-je, et demain
Je lui laisse mon nom, de l'opulence, un titre;
Mais un pouvoir plus grand de nos vœux est l'arbitre.
La faute en est à lui !

ÉLÉNA.

Qu'il prolonge vos jours,

Comme il les a sauvés !

FALIERO.

Sans toi, sans ton secours,
Je succombais naguère; et t'aurais affranchie.
Comme elle se courbait sous ma tête blanchie !
(A Fernando.)
Ah ! ti tu l'avais vue ! ange compatissant,
Pour rajeunir le mien elle eût donné son sang !

FERNANDO.

Nous l'aurions fait tous deux.

ÉLÉNA.

Nous le devions.

FALIERO.

Je pense
Qu'avant peu mes enfans' auront leur récompense.
Qu'il vous soit cher ce don, bien qu'il vienne un peu
Vivez, soyez heureux, et pensez au vieillard.   [tard.

ÉLÉNA.

Hélas ! que dites-vous ?

FALIERO.

Eléna, je t'afflige...
Pour bannir cette idée, allons, sors, je l'exige.
Je veux à Fernando confier mon chagrin ;
Mais toi, tu le connais. L'aspect d'un ciel serein
A pour des yeux en pleurs un charme qui console.

ÉLÉNA.

Souffrez...

FALIERO.

Crains la fatigue, et sors dans ma gondole.
Contre l'ardeur du jour prends un masque léger,
Qui, sans lasser ton front, puisse le protéger,
Va, ma fille.

ÉLÉNA.

O bonté !

(Elle sort.)

SCÈNE IV.

FALIERO, FERNANDO.

FALIERO.

C'est elle qu'on outrage !

FERNANDO.

Eléna !

FALIERO.

Moi ; c'est moi.

FERNANDO.

Vous !

FALIERO.

Ecoute, et partage

ACTE I, SCENE III.

Un fardeau qu'à moi seul je ne puis supporter.
C'est mon nom, c'est le nôtre à qui vient d'insulter
Un de ceux dont nos lois sur les bancs des quarante
Font siéger à vingt ans la jeunesse ignorante.
Lois sages !

FERNANDO.

Qu'a-t-il fait ?

FALIERO.

Le dirai-je ? irrité
D'un reproche public, mais par lui mérité,
L'insolent sur mon trône eut l'audace d'écrire...
Je les ai lus comme elle et tous ont pu les lire,
Ces mots... mon souvenir ne m'en rappelle rien :
Mais ces mots flétrissaient mon honneur et le sien.

FERNANDO.

Le lâche, quel est-il ?

FALIERO.

Cherche dans la jeunesse,
Qui profane le mieux dix siècles de noblesse,
Qui fait rougir le plus les aïeux dont il sort ?
Tête folle, être nul, qu'un caprice du sort
Fit libre, mais en vain, car son ame est servile :
Courageux, on le dit ; courageux entre mille,
Dont un duel heureux marque le premier pas ;

2.

Du courage! à Venise, eh! qui donc n'en a pas?
Un Sténo!

FERNANDO.

Lui, Sténo!

FALIERO.

Bien que brisé par l'àge,
Je n'aurais pas, crois-moi, laissé vieillir l'outrage.
Près de Saint Jean et Paul il est un lieu désert,
Où, pour lui rendre utile un de ces jours qu'il perd,
Mon bras avec la sienne eût croisé cette épée...

FERNANDO.

Il vit!

FALIERO.

Pour peu de jours, ma vengeance est trompée.
Sans leur permission puis-je exposer mon sang?
Privilége admirable! il vit grâce à mon rang.
Mais l'affront fut public, le châtiment doit l'être.
Les quarante déjà l'ont condamné peut-être.

FERNANDO.

Eh quoi! ce tribunal où lui-même...

FALIERO.

Tu vois
Comme Venise est juste et maintient tous les droits!
Nos fiers avogadors avaient reçu ma plainte;
Aux droits d'un des quarante oser porter atteinte!

ACTE I, SCENE III.

Quel crime ! l'eût-on fait? mais leur prince outragé,
Qu'importe ? et par ses pairs Sténo sera jugé.

FERNANDO.

S'ils l'épargnaient?

FALIERO.

Qui? lui! l'épargner! lui, ce traître!
Oui, traître à son serment, à Venise, à son maître.

FERNANDO.

O fureur !

FALIERO.

De mon nom, toi l'unique héritier,
Toi, mon neveu, mon fils, connais-moi tout entier :
Lis, mon ame est ouverte et montre sa faiblesse.
C'est peu de l'infamie où s'éteint ma vieillesse;
Cet affront dans mon sein éveille des transports,
D'horribles mouvemens inconnus jusqu'alors.
J'en ai honte et je crains de sonder ma blessure :
Devine par pitié, comprends, je t'en conjure,
Comprends ce qu'à mon âge un soldat tel que moi
Ne pourrait sans rougir confier, même à toi.
Eléna!... se peut-il? si ce qu'on ose écrire...
Mais sur ses traits en vain je cherche le sourire.
D'où vient que mon aspect lui fait baisser les yeux?
Pourquoi loin des plaisirs se cacher dans ces lieux?
Pourquoi fuir cet asile, où, par la pénitence,

Le crime racheté redevient l'innocence?
Le sien est-il si grand, si terrible?... Insensé!
Tout me devient suspect, le présent, le passé;
J'interroge la nuit, les yeux fixés sur elle,
Jusqu'aux pleurs, aux aveux d'un sommeil infidèle,
Et j'ai vu, réveillé par cet affreux soupçon,
Ses lèvres se mouvoir et murmurer un nom.

FERNANDO.

Grand Dieu!

FALIERO.

Ne me crois pas; va, je lui fais injure;
Sténo!... jamais, jamais! sa vie est encor pure;
Jamais tant de vertu ne descendrait si bas;
Je n'ai rien soupçonné, rien dit; ne me crois pas!
Mais Sténo, mais celui dont le mensonge infâme
De cette défiance a pu troubler mon ame,
L'épargner! qu'as-tu dit? l'oseraient-ils? Sais-tu
Qu'il faut que je le voie à mes pieds abattu?
Sais-tu que je le veux, que la hache est trop lente
A frapper cette main, cette tête insolente?:..
Mais j'obtiendrai justice avant la fin du jour:
On m'apporte l'arrêt; je respire!

SCÈNE V.

les précédens; LE SECRETAIRE DES QUARANTE.

LE SECRÉTAIRE.

La cour
Dépose son respect aux pieds de votre Altesse.

FALIERO.

Leur respect est profond : jugeons de leur sagesse.
La sentence ! donnez.

LE SECRÉTAIRE.

La voici.

FERNANDO, *à son oncle.*

Vous tremblez.

FALIERO.

Moi ! non. Je... non... pourquoi ?... Lis, mes yeux sont
Lis.   [troublés,

FERNANDO, *lisant.*

« Il est décrété d'une voix unanime
» Que Sténo, convaincu...

FALIERO.

Passe, je sais son crime.
Le châtiment !

FERNANDO.

Un mois dans les prisons d'état.

FALIERO.

Après?

FERNANDO.

C'est tout.

FALIERO, *froidement.*

Un mois !

FERNANDO.

Pour ce lâche attentat !

LE SECRÉTAIRE, *au doge.*

La cour de votre Altesse attend la signature.

FERNANDO, *à son oncle, qui s'approche de la table.*

Et vous...

FALIERO.

C'est mon devoir.

FERNANDO.

Quoi ! d'approuver l'injure ?

FALIERO.

Un mois ! Dieu !

(La plume tombe de ses mains.

(Au secrétaire, en lui remettant le papier.)

Laissez-nous.

LE SECRÉTAIRE.

L'arrêt n'est pas signé.

FALIERO.

Non ? j'ai cru...

(Il signe rapidement, et le rendant au secrétaire.)

Sortez donc.

SCÈNE VI.

FALIERO, FERNANDO.

FERNANDO.
                    Et sans être indigné,
Vous consacrez vous-même une telle indulgence?
FALIERO, *en souriant*.
Tu le vois.
FERNANDO.
    Quel sourire! il demande vengeance.
FALIERO.
Nos très-nobles seigneurs à l'affront qu'on m'a fait
N'ont-ils pas aujourd'hui pleinement satisfait?...
Où vas-tu?
FERNANDO.
    Vous venger.
FALIERO.
            Bien! Ce courroux t'honore.
Bien! c'est un Faliero; je me retrouve encore:
C'est mon ardeur, c'est moi; c'est ainsi que jadis
Mon père à son appel eût vu courir son fils.
Mais qui veux-tu punir?

FERNANDO.
Je reviens vous l'apprendre.
FALIERO.
Que pourrais-tu, toi seul ?
FERNANDO.
Ce que peut entreprendre
Un homme contre un homme.
FALIERO.
Et contre tous ?
FERNANDO.
Plus bas !
Le courroux vous égare.
FALIERO.
Il m'éclaire ; à ton bras
Un coupable suffit : mais, s'ils sont tous coupables,
Que me font et l'un d'eux et ses jours misérables ?
Me venger à demi, c'est ne me pas venger.
L'offenseur n'osa rien, osant tout sans danger :
Au dessous de son crime un tel pardon le place,
Et de son insolence il n'avait pas l'audace.
Il n'outragea que moi : l'arrêt qu'ils ont rendu
Dans un commun outrage a seul tout confondu,
Un tribunal sacré qu'au mépris il condamne,
La loi qu'il fait mentir, le trône qu'il profane.
Si j'élève la voix, que d'autres se plaindront !

Ils ont, pour s'enhardir à m'attaquer de front,
Essayé sur le faible un pouvoir qui m'opprime,
Et monté jusqu'à moi de victime en victime.
Un peuple entier gémit. Doge, ce n'est plus toi,
C'est lui que tu défends ; c'est l'état, c'est la loi,
C'est ce peuple enchaîné, c'est Venise qui crie :
Arme-toi : Dieu t'appelle à sauver la patrie !

FERNANDO.

Seigneur, au nom du ciel...

FALIERO.

Opprobre à ma maison,
Si de leurs oppresseurs je ne leur fais raison !
Quels moyens ?... je ne sais : les malheurs de nos ar-
A Venise ulcérée ont coûté bien des larmes.   [mes
On s'en souvient : je veux... Si pour briser leurs fers
J'essayais... il vaut mieux... non, je puis... je m'y
  [perds.
Je cherche et ne vois rien qu'à travers des nuages.
Mille desseins confus, mille horribles images,
Se heurtent dans mon sein, passent devant mes yeux ;
Mais je sens qu'un projet vengeur, victorieux,
Au sortir du chaos où je l'enfante encore
Pour les dévorer tous dans le sang doit éclore.

FERNANDO.

Ah ! que méditez-vous ? craignez...

FALIERO.

Tu m'écoutais!
J'ai parlé : qu'ai-je dit? pense au trouble où j'étais :
(A voix basse.)
C'est un rêve insensé. Ce que tu viens d'entendre,
Il faut...

FERNANDO.

Quoi?

FALIERO.

L'oublier, ou ne le pas comprendre.
(A un officier du palais, qui entre.)
Que veut-on?

SCÈNE VII.

LES PRÉCÉDENS; VICENZO.

VICENZO.

La faveur d'un moment d'entretien;
Et celui qui l'attend...

FALIERO.

Fût-ce un patricien,
Non : s'il est offensé, qu'il s'adresse aux quarante.

VICENZO.

Sa demande à l'état doit être indifférente;

C'est un homme du peuple, à ce que j'ai pu voir,
Un patron de galère.

FALIERO.

Un instant! mon devoir
Est d'écouter le peuple : il a droit qu'on l'écoute,
Le peuple! il sert l'état. Allez, quoi qu'il m'en coûte,
Je recevrai cet homme.

(Vicenzo sort.)

Implorer mon secours,
C'est avoir à se plaindre; on peut par ses discours
Juger...

FERNANDO.

Je me retire?

FALIERO.

Oui, laisse-nous. Arrête!
Ne cherche pas Sténo; réserve-moi sa tête;
Il est sacré pour toi.

(Fernando sort)

Cet homme a des amis,
Et par eux... Après tout, l'écouter m'est permis,
Je le dois : mais il vient.

SCÈNE VIII.

FALIERO, ISRAEL BERTUCCIO.

FALIERO.

Que voulez-vous?

ISRAEL.

Justice.

FALIERO.

Vain mot! pour l'obtenir l'instant n'est pas propice.

ISRAEL.

Il doit l'être toujours.

FALIERO.

Avez-vous un appui?

ISRAEL.

Plus d'un : mon droit d'abord, et le doge après lui.

FALIERO.

L'un sera méprisé : pour l'autre, il vient de l'être.
Votre nom?...

ISRAEL.

N'est pas noble, et c'est un tort.

FALIERO.

Peut-être.

ISRAEL.

Israël Bertuccio.

FALIERO.

Ce nom m'est inconnu.

ISRAEL.

Noble, jusqu'à mon prince il serait parvenu.

FALIERO.

Auriez-vous donc servi?

ISRAEL.

Dans plus d'une entreprise.

FALIERO.

Sur mer?

ISRAEL.

Partout.

FALIERO.

En brave?

ISRAEL.

En soldat de Venise.

FALIERO.

Sous plus d'un général?

ISRAEL.

Un seul, qui les vaut tous.

FALIERO.

C'est trop dire d'un seul.

ISRAEL.

Non.

FALIERO.

Quel est-il?

ISRAEL.

C'est vous.

FALIERO.

Israël!... Oui, ce nom revient à ma mémoire;

C'est vrai, brave Israël, tu servis avec gloire :
Tu combattis sous moi.

ISRAEL.

Mais dans des jours meilleurs,
On triomphait alors.

FALIERO, *avec joie.*

A Zara !

ISRAEL.

Comme ailleurs;
Vous commandiez.

FALIERO.

Allons : dis-moi ce qui t'amène ;
Parle à ton général, et conte-lui ta peine;
Dis, mon vieux camarade !

ISRAEL.

Eh bien donc, je me plains...
M'insulter! on l'a fait! Par le ciel et les saints,
Israël sans vengeance, et réduit à se plaindre !...
Pardon, mon général, je ne puis me contraindre :
Qui souffre est excusé.

FALIERO.

Je t'excuse et le dois :
Rappeler son affront, c'est le subir deux fois.

ISRAEL.

Deux fois! subir deux fois l'affront que je rappelle !

ACTE I, SCENE VIII.

Que maudit soit le jour où, pour prix de mon zèle,
Votre prédécesseur, mais non pas votre égal,
Me fit patron du port et chef de l'arsenal !

FALIERO.

C'était juste.

ISRAEL.

Et pourtant, sans cette récompense,
Viendrais-je en suppliant vous conter mon offense ?
Chargé par le conseil de travaux importans...
Je tremble malgré moi, mais de fureur.

FALIERO.

J'entends.

ISRAEL.

Je veillais à mon poste : un noble vient, déclare
Qu'il faut quitter pour lui nos vaisseaux qu'on répare.
Il maltraite à mes yeux ceux qui me sont soumis :
Je cours les excuser : ils sont tous mes amis,
Tous libres, par saint Marc, gens de cœur, gens uti-[les.
Dois-je donc, pour un noble et ses travaux futiles,
Me priver d'un seul bras sur la flotte occupé ?
Le dois-je ? prononcez.

FALIERO.

Non, certe.

ISRAEL.

Il m'a frappé !...

Que n'est-ce avec le fer !

FALIERO.

Du moins tu vis encore.

ISRAEL.

Sans honneur : le fer tue et la main déshonore.
Un soufflet! Sur mon front ce seul mot prononcé
Fait monter tout le sang que l'état m'a laissé.
Il a coulé mon sang dont la source est flétrie,
Mais sous la main d'un noble et non pour la patrie.
L'outrage est écrit là : sa bague en l'imprimant
A creusé sur ma joue un sillon infamant.
Montre donc maintenant, montre tes cicatrices,
Israël, la dernière a payé tes services.

FALIERO.

Et l'affront qu'on t'a fait...

ISRAEL.

Je ne l'ai pas rendu :
Je respecte mes chefs. A prix d'or, j'aurais dû
Me défaire de lui sous le stylet d'un brave.
Mais j'ai dit : Je suis libre, on me traite en esclave ;
Pour mon vieux général tous les droits sont sacrés ;
Il me rendra justice, et vous me la rendrez.

FALIERO.

On ne me la fait pas; comment puis-je la rendre?

ISRAEL.

On ne vous la fait pas? à vous! pourquoi l'attendre?
Si j'étais doge...

FALIERO.

Eh bien?

ISRAEL.

Je...

FALIERO, *vivement*.

Tu te vengerais!

ISRAEL.

Demain.

FALIERO.

Tu le peux donc?

ISRAEL.

Non... mais je le pourrais,
Si j'étais doge.

FALIERO.

Approche et parle sans mystère.

ISRAEL.

On risque à trop parler ce qu'on gagne à se taire.

FALIERO.

Tu sais qu'un mot de moi peut donner le trépas,
Tu le crains.

ISRAEL.

Je le sais, mais je ne le crains pas.

FALIERO.

Pourquoi?

ISRAEL.

Notre intérêt nous unit l'un à l'autre;
J'ai ma cause à venger, mais vous avez la vôtre.

FALIERO.

Ainsi donc, pour le faire, il existe un complot?
De quelle part viens-tu?

ISRAEL.

De la mienne. En un mot,
Pour soutenir nos droits voulez-vous les confondre?

FALIERO.

Je veux t'interroger avant de te répondre.

ISRAEL.

Qui m'interrogera, vous, ou le doge?

FALIERO.

Moi.
Pour le doge, il n'est plus.

ISRAEL.

C'est parler : je vous croi.

FALIERO.

Parle donc à ton tour.

ISRAEL.

Si le peuple murmure

Du joug dont on l'accable et des maux qu'il endure,
Est-ce moi qui l'opprime?

FALIERO.

Il comprend donc ses droits?

ISRAEL.

La solde que l'armée attend depuis deux mois,
Si d'autres, la payant, tentent par ce salaire
De nos condottieri la bande mercenaire,
Puis-je l'empêcher, moi?

FALIERO.

Vous avez donc de l'or?

ISRAEL.

Si de vrais citoyens, car il en est encore, [prise,
Des soldats du vieux temps, du vôtre, et qu'on mé-
Par la foi du serment sont liés dans Venise;
Aux glaives des tyrans, qu'ils veulent renverser,
Suis-je un patricien, moi, pour les dénoncer?

FALIERO.

Achève.

ISRAEL.

J'ai tout dit.

FALIERO.

Ce sont là des indices.
Le reste, ton projet, tes amis, tes complices?

ISRAEL.

Mon projet? c'est le vôtre.

FALIERO.

En ai-je un?

ISRAEL.

Mes moyens? Mon courage, cette arme...

FALIERO.

Et les armes des tiens. Tes complices? leurs noms?

ISRAEL.

Je n'ai pas un complice.

FALIERO.

Quoi! pas un?

ISRAEL.

En a-t-on pour rendre la justice?

FALIERO.

Tes amis, si tu veux.

ISRAEL.

Quand vous serez le leur.

FALIERO.

Moi! je...

ISRAEL.

Vous reculez!

ACTE I, SCENE VIII.

FALIERO.

               Agir avec chaleur,
Concevoir froidement, c'est le secret du maître.
Puis-je rien décider avant de tout connaître?
Mais le sénat m'appelle : un plus long entretien
Pourrait mettre au hasard mon secret et le tien.

ISRAEL.

Vous revoir au palais serait risquer ma tête...
Le seigneur Lioni vous attend à sa fête;
J'irai.

FALIERO.

   Te reçoit-il?

ISRAEL.

             Mon bras sauva ses jours;
J'eus tort : c'est un de plus.

FALIERO.

                  Affable en ses discours,
Dans ses actes cruel, esprit fin, ame dure,
Assistant du même air au bal qu'à la torture,
Soupçonneux, mais plus vain ; et dans sa vanité
Epris d'un fol amour de popularité.
Il doit te recevoir.

ISRAEL.

            Il en a le courage.
Du marin parvenu le rude et fier langage

Le trompe en l'amusant, et sans prendre un soupçon
Dans la bouche de fer il trouverait mon nom.

FALIERO.

Mais la torture est prête aussitôt qu'il soupçonne.

ISRAEL.

Je la supporterais de l'air dont il la donne.

FALIERO.

Tu me gagnes le cœur.

ISRAEL.

Vos ordres, général?

FALIERO.

J'irais à leurs regards m'exposer dans un bal,
Rendre en les acceptant leurs mépris légitimes,
Chercher mes ennemis !

ISRAEL.

Non, compter vos victimes.

FALIERO, *vivement.*

Je n'ai rien décidé.

ISRAEL.

Voulez-vous me revoir?

FALIERO.

Plus tard.

ISRAEL, *qui fait un pas pour sortir.*
Jamais.

ACTE I, SCENE VIII.

FALIERO.

Reviens.

ISRAEL.

A ce soir.

FALIERO, *après une pause.*

A ce soir !

FIN DU PREMIER ACTE.

ACTE DEUXIÈME.

SCÈNE I.

[Le palais de Lioni : salon très-riche, galerie au fond ; une table où sont disposés des échecs.]

LIONI, VEREZZA, DEUX AUTRES AFFIDÉS DU CONSEIL DES DIX, *sur le devant de la scène ;* SERVITEURS *occupés des apprêts d'un bal ;* BERTRAM, *au fond, dans un coin.*

LIONI, *bas à Verezza.*
On vous a de Sténo renvoyé la sentence :
Vous l'exécuterez, mais avec indulgence.
L'état veut le punir comme un noble est puni :
Des égards, du respect.
VEREZZA.
Le seigneur Lioni
Me parle au nom des Dix ?

ACTE I, SCENE II.

LIONI.

, Leur volonté suprême
Laisse-t-elle un d'entre eux parler d'après lui-même?
Vous pouvez être doux, en voici l'ordre écrit.
(Le prenant à part.)
Cet autre ne l'est pas : il regarde un procrit,
Par jugement secret traité comme il doit l'être ;
Le prisonnier des plombs : une gondole, un prêtre,
Au canal Orfano ! Sortez.

(A ses valets.)

Partout des fleurs !
Que les feux suspendus et l'éclat des couleurs,
Que le parfum léger des roses de Bysance,
Les sons qui de la joie annoncent la présence,
Que cent plaisirs divers d'eux-mêmes renaissans
Amolissent les cœurs et charment tous les sens.
(A Bertram.)   *(Aux valets.)*
Approchez-vous, Bertram. Laissez-nous.

SCÈNE II.

LIONI, BERTRAM.

LIONI.

Ma colère

A cédé, quoique juste, aux pleurs de votre mère :
Le sein qui vous porta nous a nourris tous deux;
Je m'en suis souvenu.

BERTRAM.

Monseigneur!...

LIONI.

Malheureux!
Quel orgueil fanatique ou quel mauvais génie
De censurer les grands t'inspira la manie?

BERTRAM.

Je leur dois tous mes maux.

LIONI.

Bertram, sans mon appui,
Sur le pont des Soupirs tu passais aujourd'hui;
On t'oubliait demain.

BERTRAM.

Je demeure immobile;
Quoi! le pont des Soupirs!

LIONI.

Sois un artiste habile,
Un sculpteur sans égal; mais pense à tes travaux,
Et, quand tu veux blâmer, parle de tes rivaux.
L'état doit aux beaux-arts laisser ce privilége,
C'est ton droit; plus hardi, tu deviens sacrilége.

BERTRAM.
On ne l'est qu'envers Dieu.
LIONI.
Mais ne comprends-tu pas
Que ceux qui peuvent tout sont les dieux d'ici-bas?...
On t'aime à Rialto, dans le peuple on t'écoute,
Dis que je t'ai sauvé : tu le diras?

BERTRAM.
Sans doute;
De raconter le bien le ciel nous fait la loi.

LIONI.
Et d'oublier le mal; mais tes pareils et toi,
Vous croyez, tout couverts de vos pieux symboles,
Répandre impunément le fiel de vos paroles,
Et, disposant du ciel en possesseurs jaloux,
Vous l'ouvrez pour vous seuls et le fermez pour nous.

BERTRAM.
Non pour vous, mais pour ceux que le ciel doit mau-
LIONI. [dire.
Tu te crois saint, Bertram, et tu crains le martyre,
La torture...

BERTRAM.
Ah! pitié!

LIONI.
Des grands parle à genoux.

BERTRAM.

De ma haine contre eux je vous excepte, vous.

LIONI.

Que leur reproches-tu?

BERTRAM.

Ma misère.

LIONI.

Sois sage,
Travaille, tu vivras.

BERTRAM.

Promettre est leur usage;
Car l'ivoire ou l'ébène à leurs yeux est sans prix,
Quand il doit de mes mains passer sous leurs lambris.
Mais l'ont-ils, ce travail achevé pour leur plaire,
J'expire de besoin et j'attends mon salaire.

LIONI.

A-t-on des monceaux d'or pour satisfaire à tout?
Je les verrai : mais parle, on célèbre ton goût;
Quels marbres, quels tableaux, aux miens sont com-
Regarde ces apprêts : que t'en semble? [parables?

BERTRAM.

Admirables!

LIONI.

Voyons, j'aime les arts et prends tes intérêts :
(A voix basse.)
Les Dix, pour tout savoir, ont des agens secrets,

ACTE II, SCENE II.

Et nous payons fort cher leurs utiles services;
Tu nous pourrais comme eux rendre ces bons offices.
De nos patriciens plus d'un s'en fait honneur.

BERTRAM.

Je préfère pourtant...

LIONI.

Quoi?

BERTRAM.

Mourir, monseigneur.

LIONI.

Insensé !

BERTRAM.

Mais comptez sur ma reconnaissance.

LIONI.

Me la prouver, je crois, n'est pas en ta puissance.

BERTRAM.

Le dernier peut un jour devenir le premier.

LIONI.

Comment?

BERTRAM.

Dieu nous l'a dit.

LIONI.

Garde-toi d'oublier
Que des vertus ici l'humilité chrétienne

Est la plus nécessaire, et ce n'est pas la tienne.
Sténo!... sors.

SCÈNE III.

LIONI, BERTRAM, STENO.

(Il porte un domino ouvert qui laisse voir un costume très-élégant; il a son masque à la main)

STÉNO, *à Bertram.*

Gloire à toi, Phidias de nos jours;
J'ai reçu ton chef-d'œuvre, et te le dois toujours;
Mais un mois de prison va régler mes dépenses;
Je te paîrai bientôt.

BERTRAM, *à part, en s'inclinant.*

Plus tôt que tu ne penses.

SCÈNE IV.

LIONI, STENO.

LIONI.

Qui? vous, Sténo, chez moi!

ACTE II, SCENE IV.

STÉNO.

C'est mal me recevoir.

LIONI.

Condamné le matin, venir au bal le soir!

STÉNO.

Ma journée est complète et la nuit la couronne :
Je veux prendre congé de ceux que j'abandonne :
Demain je suis captif; à votre prisonnier
Laissez du moins ce jour, ce jour est le dernier.

LIONI.

Le doge vient ici; je reçois la duchesse,
Et...

STÉNO.

Sa beauté vaut mieux que son titre d'altesse.
Que ne m'est-il permis de choisir mes liens!
Les fers de son époux sont moins doux que les siens.

LIONI.

Il ne faut pas plus loin pousser ce badinage;
Même en vous punissant croyez qu'on vous ménage.

STÉNO.

J'aime votre clémence et l'effort en est beau :
M'ensevelir vivant dans la nuit du tombeau!
Et pourquoi? pour trois mots que j'eus le tort d'écrire;
Mais le doge irrité, jaloux jusqu'au délire,
Prouva que d'un guerrier mille fois triomphant

La vieillesse et l'hymen ne font plus qu'un enfant.
Au reste il est ici l'idole qu'on encense,
Pour lui rendre en honneurs ce qu'il perd en puis-
[sance.

LIONI.

A ces honneurs, Sténo, gardez-vous d'attenter.
Par égard pour nous tous, qu'il doit représenter
Au timon de l'état, dont nous tenons les rênes,
Il faut baiser ses mains en leur donnant des chaînes.
Ainsi donc pour ce soir, je le dis à regret,
Mais...

STÉNO.

Mon déguisement vous répond du secret.
Non : ne me privez pas du piquant avantage
D'entendre, à son insu, l'auguste personnage.
Autour de la duchesse, heureux de voltiger,
C'est en la regardant que je veux me venger.
Je veux suivre ses pas, dans ses yeux je veux lire,
Tout voir sans être vu, tout juger sans rien dire,
Et de votre pouvoir invisible et présent
Offrir, au sein des jeux, l'image en m'amusant.

LIONI.

Veiller sur vous, Sténo, n'est pas votre coutume.

STÉNO.

Qui peut me deviner, caché sous mon costume?
Sous ce masque trompeur, le peut-on? regardez :

ACTE II, SCENE IV.

Noir comme le manteau d'un de vos affidés.

LIONI.

Respectons les premiers ce qu'il faut qu'on redoute.

STÉNO.

Je ne ris plus de rien : je sais ce qu'il en coûte,
Pas même des époux ! N'est-il pas décrété
Que c'est un crime ici de lèse-majesté ?

LIONI.

Incorrigible !

STÉNO.

Eh non ! un mot vous épouvante ;
Mais ne redoutez plus ma liberté mourante :
C'est son dernier soupir, il devait s'exhaler
Contre un vieillard chagrin qui vient de l'immoler.

LIONI.

Vous abusez de tout.

STÉNO.

Il le faut à notre âge :
Le seul abus d'un bien en fait aimer l'usage.
Quoi de plus ennuyeux que vos plaisirs sensés ?
Ils rappellent aux cœurs, trop doucement bercés
Par un retour prévu d'émotions communes,
Ce fade mouvement qu'on sent sur les lagunes.
En ôtez-vous l'excès, le plaisir perd son goût.
Mais l'excès nous réveille, il donne un charme à tout.

Un amour vous suffit ; moi, le mien se promène
De l'esclave de Smyrne à la noble Romaine,
Et de la courtisane il remonte aux beautés
Que votre bal promet à mes yeux enchantés.
Le jeu du casino me pique et m'intéresse :
Mais j'y prodigue l'or, où j'y meurs de tristesse.
Si la liqueur de Chypre est un heureux poison,
C'est alors qu'affranchi d'un reste de raison,
Mon esprit pétillant qui fermente comme elle,
Des éclairs qu'il lui doit dans l'ivresse étincelle.
Mes jours, je les dépense au hasard, sans compter,
Qu'en faire? on en a tant! Peut-on les regretter?
Pour les renouveler, cette vie où je puise
Est un trésor sans fond qui jamais ne s'épuise ;
Ils passent pour renaître, et mon plus cher désir
Serait d'en dire autant de l'or et du plaisir.
Je parle en philosophe.

LIONI.

    Et je réponds en sage :
Vous ne pouvez rester.

STÉNO.

    Quittez donc ce visage ;
Dans la salle des Dix il vous irait au mieux,
Mais tout, excepté lui, me sourit en ces lieux.

ACTE II, SCENE IV.

LIONI.

Flatteur !

STÉNO.

Chaque ornement, simple avec opulence,
Prouve le goût du maître et sa magnificence.

(Plusieurs personnes parées ou masquées traversent la galerie du fond.)

LIONI.

Soyez donc raisonnable : on vient de tous côtés,
J'aurais tort de permettre...

STÉNO.

Oui : mais vous permettez.
Vous de qui la raison plane au dessus des nôtres,
Ayez tort quelquefois par pitié pour les autres.
Mes adieux au plaisir seront cruels et doux :
C'est vouloir le pleurer que le quitter chez vous.

UN SERVITEUR DE LIONI, *annonçant*.

Le doge.

LIONI.

Fuyez donc : s'il vous voit...

STÉNO.

Impossible !
Je me perds dans la foule et deviens invisible.

SCÈNE V.

FALIERO, ELENA, FERNANDO, BENETINDE, LIONI, ISRAEL, sénateurs, courtisans, etc.

LIONI, *au doge.*

Posséder son Altesse est pour tous un bonheur;
Mais elle sait quel prix j'attache à tant d'honneur.

FALIERO.

Je ne devais pas moins à ce respect fidèle
Dont chaque jour m'apporte une preuve nouvelle.

LIONI, *à la Duchesse.*

Madame, puissiez-vous ne pas trop regretter
Le palais que pour moi vous voulez bien quitter!

ÉLÉNA.

Vous ne le craignez pas.

LIONI, *à Fernando.*

Quelle surprise aimable!
Fernando de retour!

FERNANDO.

Le sort m'est favorable,
Je reviens à propos.

LIONI, *lui serrant la main.*

Et pour faire un heureux.

ACTE II, SCENE V.

(A Benetinde, qui cause avec le doge.)

Salut au chef des Dix ; le plus cher de mes vœux
Est que de ses travaux ma fête le repose.

BENETINDE.

Occupé d'admirer, peut-on faire autre chose ?

(Au doge, en reprenant sa conversation.)

Vous penchez pour la paix ?

FERNANDO.

J'ai vu plus d'une cour,
Et pourtant rien d'égal à ce brillant séjour.

ÉLÉNA.

C'est un aveu flatteur après un long voyage.

LIONI.

(Aux nobles Vénitiens.)   *(A Israël.)*

Soyez les bienvenus ! Je reçois ton hommage,
Mon brave !

ISRAEL, *bas à Lioni.*

Sous le duc j'ai servi vaillamment ;
Il peut me protéger, présentez-moi.

LIONI, *le prenant par la main.*

Comment !
Viens.

ÉLÉNA, *regardant une peinture.*

De qui ce tableau ?

5.

LIONI, *qui se retourne en présentant Israël.*

D'un maître de Florence,
Du Giotto.

LE DOGE, *à Israël.*

Dès ce soir vous aurez audience.

BENETINDE, *regardant le tableau tandis qu'Israël cause avec le doge.*

Où se passe la scène ?

LIONI, *qui se rapproche de lui.*

Eh, mais ! à Rimini.
La belle Francesca, dont l'amour est puni,
Voit tomber sous le bras d'un époux trop sévère
Le trop heureux rival que son cœur lui préfère.

ÉLÉNA, *à part.*

Je tremble.

LIONI.

Quel talent ! regardez : le jaloux
Menace encor son frère expirant sous ses coups.

BENETINDE.

Son frère ou son neveu ?

FERNANDO.

Dieu !

LIONI, *à Benetinde.*

Relisez le Dante :

ACTE II, SCÈNE V.

(A la duchesse.)

Son frère Paolo. Que la femme est touchante !
N'est-ce pas ?

ÉLÉNA.

Oui, sublime.

(Ici les premières mesures d'une danse vénitienne.)

LIONI.

Ah ! j'entends le signal.

(Au doge.)

Monseigneur passe-t-il dans le salon de bal ?

FALIERO.

Ces divertissemens ne sont plus de mon âge.

LIONI, *lui montrant les échecs.*

On connaît votre goût : voici le jeu du sage.

FERNANDO, *à Éléna.*

Pour le premier quadrille acceptez-vous ma main ?

ÉLÉNA.

On vous a devancé.

LIONI, *offrant la main à Éléna.*

Je montre le chemin.

(A Israël, qu'il laisse avec le doge.)

Fais ta cour.

BENETINDE, *qui les suit, à Fernando.*

Donnez-moi quelques détails sincères
Sur ce qu'on dit de nous dans les cours étrangères.

(Tout le monde sort, excepté le doge et Israël.)

SCÈNE VI.

FALIERO, ISRAEL. (*Ils se rapprochent par degrés.*)

FALIERO.
Enfin nous voilà seuls !
ISRAEL.
Décidons de leurs jours.
FALIERO.
Quel mépris dans leurs yeux !
ISRAEL.
Fermons-les pour toujours.
FALIERO.
Même en se parlant bas qu'ils montraient d'insolence !
ISRAEL.
Nous allons pour toujours les réduire au silence.
FALIERO.
De leur sourire amer j'aurais pu me lasser.
ISRAEL.
La bouche d'un mourant sourit sans offenser.
FALIERO.
Ne peut-on nous troubler ?

(*La musique recommence.*)

ACTE II, SCENE VI.

ISRAEL.

Le plaisir les enivre.
Ils pressentent leur sort et se hâtent de vivre.
De ce bruyant concert entendez-vous les sons?

FALIERO.

Le temps vole pour eux.

ISRAEL.

Et pour nous : agissons.

FALIERO.

La liste de vos chefs?

ISRAEL, *qui lui remet un papier.*

La voici.

FALIERO.

Tu m'étonnes.
Tu te crois sûr de moi, puisque tu me la donnes.

ISRAEL.

Je le puis.

FALIERO, *ouvrant le papier.*

Pas de noms!

ISRAEL.

Mais des titres ; voyez!

FALIERO.

Qui sont peu rassurans.

ISRAEL.

Plus que vous ne croyez.

FALIERO.
Un pêcheur, un Dalmate, un artisan !

ISRAEL.
Qu'importe ?
Chacun a trente amis pour lui prêter main-forte.

FALIERO.
Un gondolier !

ISRAEL.
Trois cents ; car je lui dois l'appui
De tous ses compagnons non moins braves que lui.

FALIERO.
Que fais-tu d'un sculpteur ?

ISRAEL.
Le ciel, dit-on, l'inspire.
Homme utile ! avec nous c'est saint Marc qui conspire.

FALIERO.
Des esclaves !

ISRAEL.
Nombreux.

FALIERO.
Mais qui vous ont coûté
Beaucoup d'or ?

ISRAEL.
Un seul mot.

FALIERO.

Et lequel?

ISRAEL.

Liberté.

FALIERO.

Mille condottieri vous coûtent davantage.

ISRAEL.

Rien.

FALIERO.

Dis vrai.

ISRAEL.

J'ai promis...

FALIERO.

Eh! quoi donc?

ISRAEL.

Le pillage.

FALIERO.

Je rachète Venise, et donne pour rançon...

ISRAEL.

Le trésor?

FALIERO.

Tous mes biens.

ISRAEL.

Que j'accepte en leur nom.

FALIERO, *lui rendant la liste.*

Deux mille! avec ce nombre il faut tout entreprendre;
C'est peu pour attaquer !

ISRAEL.

C'est beaucoup pour surprendre.

FALIERO.

J'en conviens; mais sans moi pourquoi n'agis-tu pas?

ISRAEL.

C'est qu'il nous faut un chef, s'il vous faut des soldats.

FALIERO.

Comment voir tes amis?

ISRAEL.

Sous le ciel et dans l'ombre;
Vous le pouvez.

FALIERO.

Quand donc?

ISRAEL.

Cette nuit.

FALIERO.

Elle est sombre?

ISRAEL.

Belle d'obscurité pour un conspirateur,
Profonde, et dans le ciel pas un seul délateur.

FALIERO.

Mais sur la terre?

ISRAEL.

Aucun.

FALIERO.

Écoute... Le bruit cesse ;
Occupons-nous tous deux.

ISRAEL.

Comment ?

FALIERO.

Le temps nous presse :
Des échecs !... c'est pour moi qu'on les a préparés.
(Lui faisant signe de s'asseoir.)
Qu'ils servent nos projets.

ISRAEL, *assis*.

Ces nouveaux conjurés
Seront discrets du moins.

FALIERO.

Silence !

SCÈNE VII.

LES PRÉCÉDENS ; LIONI.

(Plusieurs personnes, pendant cette scène et la suivante, traversent le salon, se promènent dans la galerie, s'arrêtent à des tables de jeu, jettent et ramassent de l'or ; enfin tout le mouvement d'une fête.)

LIONI, *à Faliero*.

Votre Altesse

Dédaigne nos plaisirs.

FALIERO.

Non : mais j'en fuis l'ivresse.

LIONI.

Mon heureux protégé joue avec monseigneur !

FALIERO, *posant la main sur l'épaule d'Israël.*

J'honore un vieux soldat.

LIONI.

Digne d'un tel honneur.

ISRAEL.

C'est un beau jour pour moi.

LIONI, *à Faliero.*

Vous aurez l'avantage,
Puisque ce noble jeu de la guerre est l'image.

ISRAEL.

Je tente, je l'avoue, un combat inégal.

LIONI, *regardant la partie.*

Voyons si le marin vaincra son amiral.

(Au doge.)

Vous commencez ?

FALIERO.

J'espère achever avec gloire.

LIONI.

Je ne puis décider où penche la victoire ;
Le salon me réclame, et vous m'excuserez.

FALIERO.

D'un maître de maison les devoirs sont sacrés.

(Lioni sort.)

SCÈNE VIII.

FALIERO, ISRAEL.

(On circule dans le salon et on joue dans la galerie; de temps en temps on voit Sténo, masqué, poursuivre la duchesse. Vers la fin de la scène on rentre dans la salle de bal.)

FALIERO, *à voix basse.*

Le lieu ?

ISRAEL.

Saint-Jean et Paul.

FALIERO.

Conspirer sur la cendre
De mes nobles aïeux ranimés pour m'entendre !

ISRAEL.

Ils seront du complot.

FALIERO.

Et le plus révéré,
Dont l'image est debout près du parvis sacré,
Me verra donc trahir ma gloire et mes ancêtres !

(Ils se lèvent.)

ISRAEL.

Trahir! que dites-vous?

FALIERO.

Oui, nous sommes des traîtres.

ISRAEL.

Si le sort est pour eux; mais, s'il nous tend la main,
Les traîtres d'aujourd'hui sont des héros demain.

FALIERO.

Je doute...

ISRAEL.

Il est trop tard.

FALIERO.

Avant que je prononce,
Je veux encore... On vient: sors; attends ma réponse!

ISRAEL.

C'est lui livrer des jours qu'elle peut m'arracher.

FALIERO.

Eh bien! l'attendras-tu?

ISRAEL.

Je viendrai la chercher.

SCÈNE IX.

FALIERO, ELENA, *suivie par Sténo, qui s'éloigne en voyant le doge.*

ÉLÉNA.

Eh quoi! vous êtes seul? Venez : de cette fête
Si le vain bruit vous pèse, à le fuir je suis prête.

FALIERO.

Je dois rester pour toi.

ÉLÉNA.

Voudrais-je prolonger
Des plaisirs qu'avec vous je ne puis partager?
J'en sens peu la douceur; ce devoir qui m'ordonne
D'entendre tout le monde en n'écoutant personne,
Ces flots de courtisans qui m'assiègent de soins,
Et croiraient m'offenser, s'ils m'importunaient [moins,
D'un tel délassement me font un esclavage.
Avec la liberté qu'autorise l'usage, [pas,
Un d'eux, couvert d'un masque et ne se nommant
Me lasse, me poursuit, s'attache à tous mes pas.

FALIERO, *vivement.*

Qu'a-t-il dit?

6.

ÉLÉNA.

Rien, pourtant, rien qu'il n'ait pu me dire;
Mais je conçois l'ennui que ce bal vous inspire,
Et prompte à le quitter, j'ai cependant, je croi,
Moins de pitié pour vous que je n'en ai pour moi.

FALIERO.

Ce dégoût des plaisirs et m'attriste et m'étonne :
A quelque noir chagrin ton ame s'abandonne.
Tu n'es donc plus heureuse, Éléna?

ÉLÉNA.

Moi, seigneur!

FALIERO.

Parle.

ÉLÉNA.

Rien près de vous ne manque à mon bonheur.

FALIERO.

Dis-moi ce qui le trouble : est-ce la calomnie?
L'innocence la brave et n'en est pas ternie.
Doit-on s'en affliger quand on est sans remords?

ÉLÉNA.

Je suis heureuse.

FALIERO.

Non : malgré tous vos efforts,
Vos pleurs mal étouffés démentent ce langage :
Vous me trompez.

ÉLÉNA, *à part.*
O ciel !

FALIERO.

A ma voix prends courage :
Ne laisse pas ton cœur se trahir à demi ;
Sois bonne et confiante avec ton vieil ami ;
Il va t'interroger.

ÉLÉNA, *à part.*
Je frémis !

FALIERO.

Ma tendresse
Eût voulu te cacher le doute qui m'oppresse,
Mais pour m'en affranchir j'ai de puissans motifs :
Un instant quelquefois, un mot, sont décisifs.
Un mot peut disposer de mon sort, de ma vie...

ÉLÉNA.
Qu'entends-je ?

FALIERO.

En me rendant la paix qui m'est ravie.
N'as-tu pas, réponds-moi, par un discours léger,
Un abandon permis que tu crus sans danger,
Un sourire, un regard, par quelque préférence,
Enhardi de Sténo la coupable espérance ?

ÉLÉNA, *vivement.*
Sténo.

FALIERO.

Non, je le vois; ce dédain l'a prouvé;
Non; pas même un regret par l'honneur réprouvé,
D'un penchant combattu pas même le murmure
Ne t'a parlé pour lui, non, jamais ?

ÉLÉNA.

Je le jure.

FALIERO.

Assez, ma fille, assez. Ah ! ne va plus loin :
Un serment ! ton époux n'en avait pas besoin.

ÉLÉNA.

Je dois...

FALIERO.

Lui pardonner un soupçon qui t'accable :
Il fut mort de douleur en te trouvant coupable.

(La musique recommence et dure jusqu'à la fin de l'acte.)

ÉLÉNA, *à part*.

Taisons-nous !

FALIERO.

Doux moment ! mais je l'avais prévu,
Mon doute est éclairci.

SCÈNE X.

FALIERO, ELENA, FERNANDO, ISRAEL.

ISRAEL, à *Fernando*.

Je vous dis qu'on l'a vu.

FERNANDO.

Ici?

ISRAEL.

Lui-même.

FERNANDO.

En vain son masque le rassure.

FALIERO.

Qui donc? parlez.

ISRAEL.

Sténo.

FALIERO.

Sténo!

ÉLÉNA, à part.

J'en étais sûre,
C'était lui.

FALIERO.

Voilà donc comme ils ont respecté
Ma présence et les droits de l'hospitalité!

FERNANDO.

C'en est trop.

FALIERO.

Se peut-il ? ton rapport est fidèle ?

ISRAEL.

J'affirme devant Dieu ce que je vous révèle.

FALIERO.

Lioni le savait : c'était un jeu pour tous...
J'y pense : un inconnu vous suivait malgré vous.

ÉLÉNA.

J'ignore...

FALIERO.

C'est Sténo.

FERNANDO.

Châtiez son audace.

FALIERO, *faisant un pas vers le salon.*

Je veux qu'avec opprobre à mes yeux on le chasse.

ÉLÉNA.

Arrêtez.

FALIERO, *froidement.*

Je vous crois : ne nous plaignons de rien;
Ce serait vainement; retirons-nous.

ISRAEL, *bas au doge.*

Eh bien ?

FALIERO, *bas à Israël.*

A minuit.

ACTE II, SCENE XII.

ISRAEL, *en sortant.*

J'y serai.

FALIERO.

Sortons : je sens renaître [tre.
Un courroux dont mon cœur ne pourrait rester maî-

ÉLÉNA.

Vous ne nous suivez pas, Fernando ?

FALIERO.

Non : plus tard.
Reste, et donne un motif à mon brusque départ.
Que Lioni surtout en ignore la cause ;
Il le faut ; d'un tel soin sur toi je me repose.
Point de vengeance, adieu.

SCÈNE XI.

FERNANDO, *seul.*

Que j'épargne son sang !
Mais je vous trahirais en vous obéissant !
Mais je dois le punir, mais il tarde à ma rage
Que son masque arraché, brisé sur son visage...
On vient. Dieu ! si c'était... Gardons de nous tromper :
Observons en silence, il ne peut m'échapper.

(Il se retire sous une galerie latérale.)

SCÈNE XII.

FERNANDO, STENO.

STÉNO, *qui est entré avec précaution, en ôtant son masque.*

Personne ! ah, respirons !
(Il s'assied dans un fauteuil et se sert de son masque comme d'un éventail.)
      Que la duchesse est belle !
Je la suivais partout. Point de grâce pour elle.
(Regardant son masque.)
L'heureuse invention pour tromper un jaloux !
Nuit d'ivresse !... un tumulte ! Ah ! le désordre est
Mais il a son excès : tant de plaisir m'accable. [doux:
(Dans ce moment on rentre dans la galerie; on s'y promène et l'on y danse.)

FERNANDO, *à voix basse.*

Je vous cherche, Sténo.

STÉNO.

Moi !

FERNANDO.

      Je cherche un coupable.

STÉNO.

Dites un condamné, surpris par trahison.

ACTE II, SCENE XII.

FERNANDO.

Vous vous couvrez d'un masque, et vous avez raison.

STÉNO, *qui se lève en souriant.*

Je sais tout le respect qu'un doge a droit d'attendre.

FERNANDO.

Vous le savez si peu, que je veux vous l'apprendre.

STÉNO.

Mes juges, ce matin, l'ont fait impunément;
Mais une autre leçon aurait son châtiment.

FERNANDO.

Ma justice pourtant vous en réserve une autre.

STÉNO.

C'est un duel?

FERNANDO.

A mort : ou ma vie, ou la vôtre!

STÉNO.

Dernier des Faliero, je suis sûr de mes coups,
Et respecte un beau nom qui mourrait avec vous.

FERNANDO.

Insulter une femme est tout votre courage.

STÉNO.

Qui la défend trop bien l'insulte davantage.

FERNANDO.

Qu'avez-vous dit, Sténo?

STÉNO.

La vérité, je crois.

FERNANDO.

Vous aurez donc vécu sans la dire une fois.

STÉNO.

Ce mot-là veut du sang.

FERNANDO.

Mon injure en demande.

STÉNO.

Où se répandra-t-il ?

FERNANDO.

Pourvu qu'il se répande,
N'importe.

STÉNO.

Où d'ordinaire on se voit seul à seul;
Près de Saint-Jean et Paul ?

FERNANDO.

Oui, devant mon aïeul.
Je veux rendre à ses pieds votre chute exemplaire.

STÉNO.

Beaucoup me l'avaient dit, aucun n'a pu le faire.

FERNANDO.

Eh bien ! ce qu'ils ont dit, j'ose le répéter,
Et ce qu'ils n'ont pas fait, je vais l'exécuter.

ACTE II, SCENE XII.

STÉNO.

A minuit!

FERNANDO.

A l'instant!

STÉNO.

Le plaisir me rappelle;
Mais l'honneur à son tour me trouvera fidèle.

FERNANDO.

Distrait par le plaisir, on s'oublie au besoin.

STÉNO.

Non : ma pitié pour vous ne s'étend pas si loin.

FERNANDO.

J'irai de cet oubli vous épargner la honte.

STÉNO.

C'est un soin généreux dont je vous tiendrai compte.
Nos témoins?

FERNANDO.

Dieu pour moi.

STÉNO.

Pour tous deux.

FERNANDO.

Aujourd'hui
Un de nous deux, Sténo, paraîtra devant lui.

FIN DU SECOND ACTE.

ACTE TROISIÈME.

(La place de Saint-Jean et Paul : l'église d'un côté, le canal de l'autre; une statue au milieu du théâtre. Près du canal une Madone éclairée par une lampe.)

SCÈNE I.

PIETRO, BERTRAM; STROZZI, *aiguisant un stylet sur les degrés du piédestal.*

PIETRO.
Bertram, tu parles trop.

BERTRAM.
      Quand mon zèle m'entraîne,
Je ne consulte pas votre prudence humaine.

PIETRO.
J'ai droit d'en murmurer, puisqu'un de tes aveux
Peut m'envoyer au ciel plus tôt que je ne veux.

BERTRAM.
Lioni...

ACTE III, SCÈNE I.

PIETRO.
Je le crains, même lorsqu'il pardonne.

BERTRAM.
Pietro le gondolier ne se fie à personne.

PIETRO.
Pietro le gondolier ne prend pour confidens,
Quand il parle tout haut, que les flots et les vents.

BERTRAM.
Muet comme un des Dix, hormis les jours d'ivresse.

PIETRO.
C'est vrai, pieux Bertram : chacun a sa faiblesse ;
Mais, par le Dieu vivant !...

BERTRAM.
    Tu profanes ce nom.

PIETRO.
Je veux jusqu'au succès veiller sur ma raison !

STROZZI.
Foi de condottiere ! si tu tiens ta parole,
A toi le collier d'or du premier que j'immole.

PIETRO.
Que fait Strozzi ?

STROZZI.
    J'apprête, aux pieds d'un oppresseur,
Le stylet qui tuera son dernier successeur.

PIETRO.

Le doge!

BERTRAM.

Il insulta, dans un jour de colère,
Un pontife de Dieu durant le saint mystère;
Qu'il meure!

PIETRO.

Je le plains.

STROZZI.

Moi, je ne le hais pas;
Mais ses jours sont à prix : je frappe.

BERTRAM.

Ainsi ton bras
S'enrichit par le meurtre, et tu vends ton courage.

STROZZI.

Comme Pietro, ses chants, en côtoyant la plage :
Comme toi, les objets façonnés par ton art.
Ton ciseau te fait vivre, et moi c'est mon poignard.
L'intérêt est ma loi; l'or, mon but; ma patrie,
Celle où je suis payé; la mort, mon industrie.

BERTRAM.

Strozzi, ton jour viendra.

PIETRO.

Fais trève à tes leçons.
Leurs palais sont à nous; j'en veux un : choisissons.

BERTRAM.

Il en est qu'on épargne.

PIETRO.

Aucun. Bertram, écoute :
Si je te croyais faible...

BERTRAM.

On ne l'est pas sans doute,
En jugeant comme Dieu qui sauve l'innocent!

PIETRO.

Pas un seul d'épargné!

STROZZI.

Pas un!

PIETRO.

Guerre au puissant!

STROZZI.

A son or!

PIETRO.

A ses vins de Grèce et d'Italie!

STROZZI.

Respect aux lois!

PIETRO.

Respect au serment qui nous lie!
Plus de patriciens! qu'ils tombent sans retour,
Et que dans mon palais on me serve à mon tour.

BERTRAM.

Qui donc, Pietro?

STROZZI.

Le peuple : il en faut un peut-être.

PIETRO.

Je veux un peuple aussi; mais je n'en veux pas être.

BERTRAM.

Si, pour leur succéder, vous renversez les grands,
Sur les tyrans détruits mort aux nouveaux tyrans !

PIETRO, *prenant son poignard.*

Par ce fer !

BERTRAM, *levant le sien.*

Par le ciel !

STROZZI, *qui se jette entre eux.*

Bertram, sois le plus sage.
Vous battre ! A la bonne heure au moment du partage.
Réjoignons notre chef qui nous mettra d'accord.

PIETRO. [bord,

Plus bas ! j'entends marcher : là, debout, près du

(Montrant le doge, couvert d'un manteau.)

Je vois quelqu'un.

STROZZI, *à voix basse.*

Veux-tu me payer son silence ?
Le canal est voisin.

ACTE III, SCENE II.

BERTRAM.

Non, point de violence !

PIETRO.

Bertram a peur du sang.

BERTRAM, *à Strozzi.*

Viens.

STROZZI.

Soit : mais nous verrons,
Si je le trouve ici quand nous y reviendrons.

(Ils sortent.)

SCÈNE II.

FALIERO.

(Il s'avance à pas lents et s'arrête devant Saint-Jean et Paul.)

Minuit !... personne encor ! je croyais les surprendre.
Mais mon rôle commence, et c'est à moi d'attendre.
Mes amis vont venir... Oui, doge, tes amis.
Ils presseront ta main. Dans quels lieux ? j'en frémis.
Si le sort me trahit, de qui suis-je complice ?
De qui suis-je l'égal, si le sort m'est propice ?
De ceux dont nous heurtons la rame ou les filets,
Quand ils dorment à l'ombre au seuil de nos palais.

De pêcheurs, d'artisans une troupe grossière
Va donc de ses lambeaux secouer la poussière,
Pour envahir nos bancs et gouverner l'état?
Voilà mes conseillers, ma cour et mon sénat!...
Mais de nos sénateurs les aïeux vénérables,
Qui sont-ils? des pêcheurs rassemblés sur des sables.
Mes obscurs conjurés sont-ils moins à mes yeux?
Des nobles à venir j'en ferai les aïeux,
Et si mon successeur reçoit d'eux un outrage,
Il suivra mon exemple en brisant mon ouvrage.
Je vengerai l'honneur de ceux dont j'héritai
Et le tiendrai sans tache à leur postérité.

SCÈNE III.

FALIERO, ISRAEL, BERTRAM, PIETRO, STROZZI; CONJURÉS.

ISRAEL.

Hâtons-nous : c'est ici; l'heure est déjà passée.

STROZZI.

Pietro, Bertram et moi, nous l'avions devancée;
Mais tu ne venais pas.

ISRAEL.

Tous sont présens?

ACTE III, SCENE III.

STROZZI.

Oui, tous,
Hors quelques uns des miens qui veilleront sur nous ;
Braves dont je réponds.

PIETRO.

Et trois de mes fidèles,
Couchés, sur le canal, au fond de leurs nacelles ;
Leur voix doit au besoin m'avertir du danger.

ISRAEL.

(A Pietro.) (Au doge, retiré dans un coin.)
Bien !... Je comptais sur vous.

BERTRAM.

Quel est cet étranger ?

FALIERO.

Un protecteur du peuple.

ISRAËL.

Un soutien de sa cause,
Et celui que pour chef Israël vous propose.

PIETRO.

Qui peut te remplacer ?

ISRAËL.

Un plus digne.

STROZZI.

Son nom ?

FALIERO, *s'avançant et se découvrant.*

Faliero!

PIETRO.

C'est le doge!

TOUS.

Aux armes! trahison!

STROZZI.

Frappons : meure avec lui le traître qui nous livre!

ISRAEL.

Qu'un de vous fasse un pas, il a cessé de vivre.

BERTRAM.

Attendons, pour frapper, le signal du beffroi.

FALIERO.

J'admire ce courage enfanté par l'effroi : [armes!
Tous, le glaive à la main, contre un vieillard sans
Leur père!... Pour qu'un glaive excite ses alarmes,
Enfans, la mort et lui se sont vus de trop près,
Et tous deux l'un pour l'autre ils n'ont plus de secrets.
Elle aurait quelque peine à lui sembler nouvelle,
Depuis quatre-vingts ans qu'il se joue avec elle.
Je viens seul parmi vous, et c'est vous qui tremblez!
Ce sont là les grands cœurs par ton choix rassemblés,
Ces guerriers qui voulaient, dans leur zèle héroïque,
D'un ramas d'oppresseurs purger la république,
Destructeurs du sénat, l'écraser, l'abolir?

ACTE III, SCENE III.

D'un vieux patricien le nom les fait pâlir.
Que tes braves amis cherchent qui leur commande.
Pour mon sang, le voilà! qu'un de vous le répande :
Toi, qui le menaçais, toi, qui veux m'immoler,
Vous tous... Mais de terreur je les vois reculer.
Allons! pas un d'entre eux, je leur rends cet hommage,
N'est assez lâche, au moins, pour avoir ce courage.

STROZZI.

Il nous fait honte, amis!

BERTRAM.

Nous l'avons mérité.
Avant qu'on le punisse il doit être écouté.

ISRAEL.

Vos soldats, Faliero, sont prêts à vous entendre.

FALIERO.

Eh bien! à leur parler je veux encor descendre.
Est-ce un tyran qu'en moi vous prétendez punir?
Ma vie est, jour par jour, dans plus d'un souvenir :
Déroulez d'un seul coup cette vaste carrière.
Mes victoires! passons : je les laisse en arrière;
Mon règne devant vous, pour vous imposer moins,
Récuse en sa faveur ces glorieux témoins.
Quand vous ai-je opprimés? qui de vous fut victime?
Qui peut me reprocher un acte illégitime?
Il est juge à son tour, celui qui fut martyr;

C'est avec son poignard qu'il doit me démentir.
Justes, puis-je vous craindre? ingrats, je vous défie.
Vous l'êtes : c'est pour vous que l'on me sacrifie.
C'est en vous défendant que sur moi j'amassai
Ce fardeau de douleurs dont le poids m'a lassé.
Pour vous faire innocens, je me suis fait coupable,
Et le plus grand de vous est le plus misérable.
Jugez-moi : le passé fut mon seul défenseur;
Etes-vous des ingrats, ou suis-je un oppresseur?

BERTRAM.

Si Dieu vous couronnait, vous le seriez peut-être.

FALIERO.

Vous savez qui je fus; voici qui je veux être :
Votre vengeur d'abord. Vous exposez vos jours;
Le succès à ce prix ne s'obtient pas toujours,
Toujours la liberté : qui périt avec gloire,
S'affranchit par la mort comme par la victoire.
Mais le succès suivra vos desseins généreux,
Si je veux les servir : compagnons, je le veux.
La cloche de Saint-Marc à mon ordre est soumise;
Trois coups, et tout un peuple est debout dans Venise:
Ces trois coups sonneront. Mes cliens sont nombreux,
Mes vassaux plus encor : je m'engage pour eux.
Frappez donc! dans son sang noyez la tyrannie;
Venise en sortira, mais libre et rajeunie.

ACTE III, SCENE III.

Votre vengeur alors redevient votre égal.
Des débris d'un corps faible à lui-même fatal,
D'un état incertain, république ou royaume,
Qui n'a ni roi, ni peuple, et n'est plus qu'un fantôme,
Formons un état libre où règneront les lois,
Où les rangs mérités s'appuiront sur les droits,
Où les travaux, eux seuls, donneront la richesse ;
Les talens, le pouvoir ; les vertus, la noblesse.
Ne soupçonnez donc pas que, dans la royauté,
L'attrait du despotisme aujourd'hui m'ait tenté.
Se charge qui voudra de ce poids incommode !
Mes vœux tendent plus haut : oui, je fus prince à
Général à Zara, doge à Venise ; eh bien ! [Rhode,
Je ne veux pas descendre, et me fais citoyen.

PIETRO, *en frappant sur l'épaule du doge.*

C'est parler dignement !
(Le doge se recule avec un mouvement involontaire de dédain.)
D'où vient cette surprise ?
Entre égaux !...

ISRAEL.

De ce titre en vain on s'autorise,
Pour sortir du respect qu'on doit à la vertu.
Vous, égaux ! à quel siége as-tu donc combattu ?
Sur quels bords ? dans quels rangs ? s'il met bas sa
[naissance,

Sa gloire au moins lui reste, et maintient la distance.
Il reste grand pour nous, et doit l'être en effet
Moins du nom qu'il reçut que du nom qu'il s'est fait.
Sers soixante ans Venise ainsi qu'il l'a servie ;
Risque vingt fois pour elle et ton sang et ta vie ;
Mets vingt fois sous tes pieds un pavillon rival,
Et tu pourras alors te nommer son égal !

PIETRO.

Si par ma liberté j'excite sa colère,
Il est trop noble encor pour un chef populaire.

FALIERO.

Moi, t'en vouloir ! pourquoi ? Tu n'avais aucun tort,
Aucun. Ta main, mon brave, et soyons tous d'accord !
Je me dépouille aussi de ce nom qui vous gêne :
Pour l'emporter sur vous, mon titre c'est ma haine.
Vos tyrans sont les miens : sur mon trône enchaîné,
Flétri, j'osai me plaindre et je fus condamné ;
Je condamne à mon tour. Mourant, je me relève,
Et sans pitié comme eux, terrible, armé du glaive,
Un pied dans le cercueil, je m'arrête, et j'en sors
Pour envoyer les Dix m'annoncer chez les morts.
Mais prince ou plébéien, que je règne ou conspire,
Je ne puis échapper aux soupçons que j'inspire.
Les vôtres m'ont blessé. Terminons ce débat :
Qui me craignait pour chef me veut-il pour soldat ?

ACTE III, SCENE III.

Je courbe devant lui ma tête octogénaire,
Et je viens dans vos rangs servir en volontaire.
Faites un meilleur choix, il me sera sacré;
Quel est celui de vous à qui j'obéirai?

ISRAEL.

C'est à nous d'obéir.

BERTRAM.

Je donnerai l'exemple.
Un attentat par vous fut commis dans le temple;
Expiez votre faute en vengeant les autels.

FALIERO.

Je serai l'instrument des décrets éternels.

STROZZI.

Aux soldats étrangers on a fait des promesses;
Les tiendrez-vous?

FALIERO, *lui jetant une bourse.*

Voici mes premières largesses.

PIETRO.

Mes gondoliers mourront pour leur libérateur.

FALIERO.

Tel qui fut gondolier deviendra sénateur.

TOUS.

Honneur à Faliero.

ISRAEL.

Jurez-vous de le suivre?

TOUS.

Nous le jurons.

ISRAEL.

Eh bien ! que son bras nous délivre !

(Au Doge.)

Quand voulez-vous agir ?

FALIERO.

Au lever du soleil.

BERTRAM.

Sitôt !

FALIERO.

Toujours trop tard dans un projet pareil.
Bien choisir l'heure est tout pour les succès des
[hommes.
Le hasard devient maître au point où nous en som-
[mes ;
Qui sait s'il veut nous perdre ou s'il doit nous servir ?
Otez donc au hasard ce qu'on peut lui ravir.

BERTRAM.

Mais tous périront-ils ?

PIETRO.

Sous leurs palais en cendre.

ISRAEL.

Il faut achever l'œuvre ou ne pas l'entreprendre.
Bertram, qu'un d'eux survive au désastre commun,

ACTE III, SCENE III.

En lui tous revivront; ainsi tous, ou pas un :
Le père avec l'époux, le frère avec le frère,
Tous, et jusqu'à l'enfant sur le corps de son père.

BERTRAM.

Faliero seul commande et doit seul décider.

ISRAEL, *au Doge.*

Prononcez!

FALIERO, *en s'avançant sur le devant de la scène, tandis que les conjurés attendent avec anxiété sa décision.*

Les cruels! qu'osent-ils demander?
Mes mains se résignaient à leur sanglant office;
Mais prendre sur moi seul l'horreur du sacrifice!..
Adieu, vivans récits de nos premiers combats!
Je ne verrai donc plus, en lui tendant les bras,
Sur le front d'un vieillard rajeuni par ma vue,
Un siècle d'amitié m'offrir la bienvenue!

ISRAEL, *avec impatience.*

Eh quoi! vous balancez?

UN GONDOLIER, *hors de la scène.*

« Gondolier, la mer t'appelle;
« Pars et n'attends pas le jour.

PIETRO.

C'est un avis.

LE GONDOLIER.

» Adieu, Venise, la belle ;
» Adieu, pays mon amour !

ISRAEL.

Un importun s'approche ; évitons sa présence.

LE GONDOLIER.

» Quand le devoir l'ordonne,
» Venise, on t'abandonne :
» Mais c'est sans t'oublier.

FALIERO.

Que chacun à ma voix revienne au rendez-vous,
Et sans nous éloigner, amis, séparons-nous.

LE GONDOLIER.

» Que saint Marc et la Madone
» Soient en aide au gondolier ! »

(Pendant les deux derniers vers et la reprise, les conjurés sortent d'un côté : une grande gondole s'arrête sur le canal. Fernando et Sténo en descendent.)

SCÈNE IV.

FERNANDO, STENO.

FERNANDO. *Il tire son épée, et d'une voix étouffée par la fureur.*

L'instant est favorable et la place est déserte !

ACTE III, SCENE IV.

STÉNO, *avec calme*.

Du sang-froid, Fernando; vous cherchez votre perte.

FERNANDO.

Défends-toi.

STÉNO.

Calmez-vous : je prévois votre sort.

FERNANDO.

Le tien.

STÉNO.

Je dois...

FERNANDO.

Mourir ou me donner la mort.
En garde !

STÉNO, *tirant son épée*.

Il le faut donc; mais c'est pour ma défense.

FERNANDO.

Enfin ta calomnie aura sa récompense.

(Ils combattent.)

STÉNO.

Vous êtes blessé.

FERNANDO.

Non.

STÉNO.

Votre sang coule.

MARINO FALIERO.

FERNANDO.

Eh! bien!
Celui que j'ai perdu va se mêler au tien :
Meurs, lâche!

STÉNO.

Vaine atteinte! et la mienne...

FERNANDO.

Ah! j'expire.

(Il chancelle et tombe sur les degrés du piédestal de la statue.)

La fortune est pour vous.

STÉNO.

Mais je dois la maudire,
Et je veux...

FERNANDO.

Laissez-moi, non; j'aurai des secours.

(Avec force.)

On vient. Non : rien, rien de vous! Fuyez, sauvez vos
[jours.

(Sténo s'éloigne, tandis que les conjurés accourent et se répandent sur la place.)

SCÈNE V.

FERNANDO, FALIERO, ISRAEL, BERTRAM, PIETRO, STROZZI; CONJURÉS.

ISRAEL.

Un des deux est tombé.

ACTE III, SCENE V.

FALIERO.

Jusqu'à nous parvenue,
Cette voix... ah ! courons !... cette voix m'est connue.
C'est Fernando, c'est lui !

FERNANDO.

Le doge !

FALIERO.

O désespoir !
O mon fils ! qu'as-tu fait ? mon fils !

FERNANDO.

Moi, vous revoir,
Expirer à vos pieds !... Dieu juste !

FALIERO.

Je devine
Par quel bras fut porté le coup qui t'assassine :
Par eux, toujours par eux ! Ils m'auront tout ravi.
Du trépas de Sténo le tien sera suivi.

FERNANDO.

Il s'est conduit en brave.

FALIERO.

O trop chère victime,
Que de ce cœur brisé la chaleur te ranime !
N'écarte pas la main qui veut te secourir...
Mon fils ! si près de toi, je t'ai laissé périr !
Mon espoir ! mon orgueil !... je n'ai pu le défendre.

Au cercueil, avant moi, c'est lui qui va descendre,
Et ma race avec lui!

FERNANDO.

C'en est fait : je le sens...
Ne me prodiguez plus des secours impuissans.
Une sueur glacée inonde mon visage...

FALIERO.

Que fais-tu?

FERNANDO, *essayant de se soulever.*

Je voudrais... donnez-m'en le courage,
O Dieu!

FALIERO.

D'où naît l'horreur qui semble te troubler?

FERNANDO.

Je veux... c'est à genoux que je veux vous parler.
Je ne puis...

FALIERO, *le serrant dans ses bras.*

Sur mon cœur! sur mon cœur!

FERNANDO.

Ah! mon père,
Grâce! pardonnez-moi.

FALIERO.

Quoi! ta juste colère?
C'est celle d'un bon fils!

ACTE III, SCENE V.

FERNANDO.

Grâce, Dieu vous entend.
Désarmez le courroux de ce Dieu qui m'attend.

FALIERO.

Comment punirait-il ta désobéissance ?
L'arrêt qui doit t'absoudre est prononcé d'avance.
Je te bénis. En paix de mon sein paternel
Va déposer ton ame au sein de l'Eternel,
Ne crains pas son courroux ; fût-il inexorable,
Il ne trouverait plus où frapper le coupable ;
Je t'ai couvert, mon fils, de pardons et de pleurs.

FERNANDO.

Mon père, embrassez-moi. Venise... et toi... je meurs.

ISRAEL, *à Faliero après un moment de silence.*
Balancez-vous encor ?

FALIERO, *qui se relève en ramassant l'épée de Fernando.*

L'arme qui fut la sienne
De sa main défaillante a passé dans la mienne :
Juge donc si ce fer, témoin de son trépas,
Au moment décisif doit reculer d'un pas.
Vengeance !.. Au point du jour !... pour quitter sa demeure,
Que chacun soit debout dès la quatrième heure.

9

Au portail de Saint-Marc, par différens chemins,
Vous marcherez, le fer et le feu dans les mains,
En criant : Trahison ! sauvons la république !
Aux armes ! les Génois sont dans l'Adriatique !
Le beffroi sur la tour s'ébranle à ce signal ;
Les nobles, convoqués par cet appel fatal,
Pour voler au conseil, en foule se répandent
Dans la place où déjà vos poignards les attendent.
A l'œuvre ! ils sont à nous : Courez, moissonnez-les !
Qu'ils tombent par milliers sur le seuil du palais.

(A Strozzi.)

Toi, si quelqu'un d'entre eux échappait au carnage,
Du pont de Rialto ferme-lui le passage.

(A Bertram.)   (A Pietro.)

Toi, surprends l'arsenal ; toi, veille sur le port :
Israël à Saint-Marc ; moi, partout où la mort [bles.
Demande un bras plus ferme et des coups plus terri-
Relevez de mon fils les restes insensibles :
Mais, par ces tristes jours dont il était l'appui,
Par ces pleurs menaçans, jurez-moi, jurez-lui
Qu'au prochain rendez-vous où les attend son ombre,
Pas un ne manquera, si grand que soit leur nombre;
Qu'ils iront à sa suite unir en périssant
Le dernier de leur race au dernier de mon sang.

Par vos maux, par les miens, par votre délivrance,
Jurez tous avec moi : vengeance, amis !

TOUS, *excepté Bertram, en étendant leurs épées sur le cadavre de Fernando.*

　　　　　　　　　　　　　　　　Vengeance !

FIN DU TROISIÈME ACTE.

ACTE QUATRIÈME.

[Le palais du doge : même décoration qu'au premier acte.]

SCÈNE I.

ELENA, FALIERO.

(Eléna est assise, le coude appuyé sur une table : elle dort.)

FALIERO, *qui entre par une des portes latérales.*
Qu'ils ramaient lentement dans ces canaux déserts !
Le vent du midi règne ; il pèse sur les airs,
Il m'oppresse, il m'accable... Expirer avant l'âge,
Lui que je vis hier s'élancer sur la plage,
Franchir d'un pas léger le seuil de ce séjour !
Il arrivait joyeux : aujourd'hui quel retour !
(Apercevant la duchesse.)
Eléna m'attendait dans ses habits de fête.
Sa parure de bal couronne encor sa tête..

ACTE IV, SCENE I.

Le deuil est là, près d'elle, et le front sous des fleurs,
Elle a fermé ses yeux sans prévoir de malheurs.
Laissons-les du sommeil goûter en paix les charmes.

ÉLÉNA, *endormie.*

Hélas!

FALIERO.

D'un rêve affreux son cœur est agité;
Moins affreux cependant que la réalité :
Bientôt...

ÉLÉNA, *de même.*

Mort de douleur... en te trouvant... coupable.

FALIERO.

D'un soupçon qui l'outrage, ô suite inévitable!
Jusque dans son repos, dont le calme est détruit,
De mon funeste aveu le souvenir la suit.
Chère Eléna !

ÉLÉNA, *s'éveillant.*

Qu'entends-je ? où suis-je ? qui m'appelle ?

FALIERO.

Ton ami.

ÉLÉNA.

Vous ! c'est vous !

FALIERO.

A mes désirs rebelle,
Par tendresse, il est vrai, pourquoi m'attendre ainsi ?

MARINO FALIERO.

ÉLÉNA.

Que vous avez tardé !

FALIERO.

Je l'ai dû.

ÉLÉNA.

Vous voici !
C'est vous ! Dieu ! quels tourmens m'a causés votre
[absence !
Je marchais, j'écoutais : dans mon impatience,
Quand le bruit d'une rame éveillait mon espoir,
J'allais sur ce balcon me pencher pour vous voir.
La gondole en passant m'y laissait immobile ;
Tout, excepté mon cœur, redevenait tranquille.
J'ai vu les astres fuir et la nuit s'avancer,
Et des palais voisins les formes s'effacer,
Et leurs feux qui du ciel perçaient le voile sombre,
Éteints jusqu'au dernier, disparaître dans l'ombre.
Que l'attente et la nuit alongent les momens !
Je ne pouvais bannir mes noirs pressentimens.
Je tressaillais de crainte, et pourquoi ? je l'ignore.

FALIERO.

Tu trembles sur mon sein.

ÉLÉNA.

Quand donc viendra l'aurore ?
Oh ! qu'un rayon du jour serait doux pour mes yeux !

ACTE IV, SCENE I.

Funeste vision !... quelle nuit ! quels adieux !
Il m'a semblé... j'ai cru... l'abîme était horrible,
Et mes bras, que poussait une force invincible,
Vous traînaient, vous plongeaient dans cet abîme
[ouvert,
Malgré moi, mais toujours, toujours !... Que j'ai souf-
J'entends encor ce cri qui du tombeau s'élève, [fert!
Qui m'accuse... O bonheur ! je vous vois, c'est un rêve !

FALIERO.

Ne crains plus.

ÉLÉNA.

Loin de moi quel soin vous appelait?

FALIERO.

Tu le sauras.

ÉLÉNA.

Si tard, dans l'ombre !...

FALIERO.

Il le fallait.

ÉLÉNA.

Pour vous accompagner, pas un ami?

FALIERO.

Personne.

ÉLÉNA.

Pas même Fernando?

FALIERO.

Lui, grand Dieu!

ÉLÉNA.

Je frissonne.
Vous cachez dans vos mains votre front abattu.
O ciel! du sang!

FALIERO.

Déjà?

ÉLÉNA.

Le vôtre?

FALIERO.

Que dis-tu?
Que n'est-il vrai!

ÉLÉNA.

Parlez!

FALIERO.

Un autre...

ÉLÉNA.

Osez m'instruire.
Qui? j'aurai du courage et vous pouvez tout dire :
Qui donc?

FALIERO.

Il n'est plus temps de te cacher son sort;
Sous mes yeux Fernando...

ÉLÉNA.

Vous pleurez : il est mort.

FALIERO.

Digne de ses aïeux, pour une juste cause ;
La tienne !

ÉLÉNA.

C'est pour moi !

FALIERO.

Près de nous il repose,
Mais froid comme ce marbre, où penché tristement,
Je pleurais, j'embrassais son corps sans mouvement ;
Pleurs qu'il ne sentait plus, douce et cruelle étreinte
Qui n'a pu ranimer une existence éteinte !
J'ai trouvé sur son cœur réchauffé par ma main,
Ce tissu malheureux qui le couvrait en vain :
Quelque gage d'amour !

(Il présente à Eléna une écharpe qu'il tire de son sein.)

ÉLÉNA, *qui la saisit.*

La force m'abandonne.
Objet funeste, affreux !

FALIERO.

Ah ! qu'ai-je fait ? pardonne.
J'aurais dû t'épargner...

ÉLÉNA.

Non, c'est mon châtiment.

Ne m'accusait-il pas à son dernier moment?
Lui qui mourait pour moi!... Fernando!...

FALIERO.

Je l'atteste
Par son sang répandu, par celui qui me reste,
Ceux qui causent nos maux gémiront à leur tour.

ÉLÉNA.

Nuit d'horreur!

FALIERO.

Que doit suivre un plus horrible jour.

ÉLÉNA.

Le deuil, à son lever, couvrira ces murailles.

FALIERO.

Ce jour se lèvera sur d'autres funérailles.

ÉLÉNA.

Quoi!...

FALIERO.

La mort est ici, mais elle en va sortir.

ÉLÉNA.

Quel projet formez-vous?

FALIERO.

Prête à les engloutir,
Du sénat et des Dix la tombe est entr'ouverte.

ÉLÉNA.

Par vous?

ACTE IV, SCENE I.

FALIERO.

Pour te venger.

ÉLÉNA.

Vous conspirez ?

FALIERO.

Leur perte.

ÉLÉNA.

Vous !

FALIERO.

Des bras généreux qui s'unissent au mien
Sont armés pour punir mes affronts et le tien.

ÉLÉNA.

Ciel ! une trahison, et vous l'avez conçue !
Abjurez un dessein dont je prévois l'issue.
N'immolez pas Venise à vos ressentimens :
Venise, qui du doge a reçu les sermens,
Est votre épouse aussi, mais fidèle, mais pure,
Mais digne encor de vous...

FALIERO.

Moins que toi ! leur injure
Rend tes droits plus sacrés.

ÉLÉNA.

Eh bien ! si c'est pour moi
Que vos jours en péril, que votre honneur...

FALIERO.

Tais-toi !

ÉLÉNA, *à part*.

Qu'allais-je faire, ô ciel !

FALIERO.

Tais-toi : quelqu'un savance.

SCÈNE II.

FALIERO, ELENA, VICENZO.

VICENZO.

Le seigneur Lioni demande avec instance
Une prompte entrevue...

FALIERO.

A cette heure?

VICENZO.

A l'instant,
Pour révéler au doge un secret important.

FALIERO.

Lioni !

VICENZO.

Devant vous faut-il qu'on l'introduise?
Il y va, m'a-t-il dit, du salut de Venise.

FALIERO.

Attendez : est-il seul ?

VICENZO.

Les seigneurs de la nuit
Entourent un captif que vers vous il conduit.

FALIERO.

L'a-t-on nommé ?

VICENZO.

Bertram.

FALIERO, *bas*.

Bertram !

ÉLÉNA, *bas au doge*.

Ce nom vous trouble.

FALIERO.

(A Eléna.)   (A Vicenzo.)
Moi ! Qu'ils viennent tous deux.

SCÈNE III.

ELENA, FALIERO.

FALIERO, *à Eléna*.

Sors !

ÉLÉNA.

Ma frayeur redouble.

Ce Bertram...

FALIERO.

Ne crains rien.

ÉLÉNA.

C'est un des conjurés.

FALIERO.

Calme-toi.

ÉLÉNA.

Je ne puis.

FALIERO.

Mais vous me trahirez !

Sortez !

ÉLÉNA.

Non, je suis calme.

SCÈNE IV.

FALIERO, ELENA, LIONI, BERTRAM.

LIONI, *s'avançant vers le doge.*

Un complot nous menace :
De ce noir attentat j'ai découvert la trace,
Et j'accours...

(Il s'arrête en voyant Eléna.)

Mais, pardon !

FALIERO.

Madame, laissez-nous.

ÉLÉNA.

Affreuse incertitude !

SCÈNE V.

FALIERO, LIONI, BERTRAM.

FALIERO, *froidement à Lioni.*

Eh bien ! que savez-vous ?
J'écoute.

LIONI.

J'étais seul, en proie à la tristesse
Qui suit parfois d'un bal le tumulte et l'ivresse,
De je ne sais quel trouble agité sans raison.
Un homme, c'était lui, client de ma maison,
Que j'honorai long-temps d'une utile assistance,
Et qui m'a dû tantôt quelque reconnaissance,
Réclame la faveur de me voir en secret.
Ecarté par mes gens, il insiste : on l'admet.
« Devant Dieu, me dit-il, voulez-vous trouver grâce?
» Ne sortez pas demain. » Je m'étonne ; à voix basse,
L'œil humide, il ajoute en me serrant la main,
« Je suis quitte avec vous ; ne sortez pas demain. »

Et pourquoi?... Les regards inclinés vers la terre,
Immobile, interdit, il s'obstine à se taire.
J'épiais sa pâleur de cet œil pénétrant
Dont je cherche un aveu sur le front d'un mourant;
Je le presse; il reprend d'un voix solennelle :
« Si la cloche d'alarme à Saint-Marc vous appelle,
» N'y courez pas! adieu! » Je le retiens alors :
On l'entoure à ma voix, on l'arrête : je sors;
Quatre rameurs choisis sautent dans ma gondole,
Il y monte avec moi : je fais un signe; on vole,
Et je l'amène ici, pour qu'au chef de l'état
Un aveu sans détour dénonce l'attentat.

FALIERO.

Il n'a rien dit de plus?

LIONI.

Mais il doit tout vous dire.
Je ne suis pas le seul contre qui l'on conspire.
Si j'en crois mes soupçons, Venise est en danger :
Qu'il s'explique, il le faut.

FALIERO.

Je vais l'interroger.
(Il s'assied entre Bertram et Lioni, qui est appuyé sur le dos de son
fauteuil.)

(A Bertram.)

Approchez : votre nom?

ACTE IV, SCENE V.

BERTRAM.

Bertram.

LIONI, *bas au doge.*

On le révère;
On cite à Rialto sa piété sévère :
Parlez-lui du ciel.

FALIERO.

(A Lioni.)
Oui. Bertram, regardez-moi.

BERTRAM.

Seigneur...

LIONI.

Lève les yeux.

FALIERO.

N'ayez aucun effroi.

LIONI.

Si tu ne caches rien, ta grâce est assurée.

FALIERO.

Je sauverai vos jours, ma parole est sacrée;
Vous savez à quel prix?

BERTRAM.

Je le sais.

FALIERO.

Descendez
Au fond de votre cœur, Bertram, et répondez.

Quand vous aurez senti si votre conscience
Vous fait ou non la loi de rompre le silence...

LIONI.

Quels sont les intérêts dont tu vas disposer;

FALIERO.

Et quels jours précieux vous pouvez exposer.

BERTRAM.

J'ai parlé; mon devoir m'ordonnait de le faire.

LIONI.

Achève.

FALIERO.

Et maintenant il vous force à vous taire,
Si je vous comprends bien?

BERTRAM.

Il est vrai.

LIONI.

L'Eternel
Te défend de cacher un projet criminel.

FALIERO.

Ce projet, quel est-il?

BERTRAM.

Je n'ai rien à répondre.

LIONI.

Mais ton premier aveu suffit pour te confondre.

ACTE IV, SCENE V.

BERTRAM.

Une voix m'avait dit : Sauve ton bienfaiteur.

LIONI.

Je suis donc menacé?

FALIERO.

Lui seul?

LIONI.

Quel est l'auteur;
Le chef de ce complot?

FALIERO.

Parlez.

BERTRAM.

Qu'il me pardonne;
J'ai voulu vous sauver, mais sans trahir personne.

LIONI.

Serais-tu son complice?

FALIERO.

Ou seulement un bruit,
Quelque vague rapport vous aurait-il instruit?

BERTRAM.

Je ne mentirai pas.

LIONI.

Alors que dois-je craindre?
Quel poignard me poursuit? où, quand doit-il m'at-
Comment ? [teindre?

BERTRAM.

De ce péril j'ai dû vous avertir :
C'est à vous désormais de vous en garantir.
Ma tâche est accomplie...

LIONI.

Et la nôtre commence :
Les douleurs vont bientôt...

BERTRAM, *faisant un pas vers le doge.*

Quoi! vous...

FALIERO.

Notre clémence
Suspend encor l'emploi de ce dernier moyen.

(Bas à Lioni.)

Réduit au désespoir, il ne vous dirait rien.

LIONI.

(Bas au doge.)   (A Bertram.)

Il faiblit. Tu l'entends, nous voulons tout connaître.
Songe que Dieu t'écoute.

FALIERO.

Et qu'il punit le traître.

BERTRAM.

Malheureux!

LIONI.

Que tu peux mourir dans les tourmens,
Sans qu'on te donne un prêtre à tes derniers momens.

ACTE IV, SCENE V.

BERTRAM.

Dieu ! qu'entends-je ?

FALIERO.

Oui, demain.

LIONI.

N'accordons pas une heure,
Non : pas même un instant ; qu'il s'explique ou qu'il [meure.

BERTRAM.

Je ne résiste plus.

LIONI.

Parle donc.

BERTRAM.

Eh bien !...

FALIERO, *se levant*.

Quoi ?

BERTRAM.

Je vais tout dire.

LIONI.

Enfin !

BERTRAM, *au doge*.

A vous seul.

FALIERO.

Suivez-moi.
(Faisant un signe à Lioni.)
Je reviens.

SCÈNE VI.

LIONI.

Il me sauve, et c'est moi qu'il redoute;
Le doge l'épargnait, mais par bonté sans doute.
Ces longs ménagemens me semblaient superflus :
Pour un patricien qu'aurait-il fait de plus ?
Il interrogeait mal ; point d'art ! aucune étude!
Mais a-t-il, comme nous, cette froide habitude
De marcher droit au but, sans pitié, sans courroux,
Et, si la mort d'un seul importe au bien de tous,
De voir dans la torture, à nos yeux familière,
Le chemin le plus court qui mène à la lumière?...
C'est étrange : Bertram frémit en l'abordant,
Et ne veut à la fin que lui pour confident.
On eût dit qu'en secret leurs yeux d'intelligence...
Voilà de mes soupçons ! J'ai tort : de l'indulgence!
Par l'âge et les travaux le doge est affaibli;
Mais au dernier moment d'où vient qu'il a pâli?
Réfléchissons : j'arrive, et, contre mon attente,
Il est debout; pourquoi? point d'affaire importante;
Quel soin l'occupait donc ? Mon aspect l'a troublé;
Il s'est remis soudain, mais il avait tremblé.

Il nourrit contre nous une implacable haine :
S'il osait... Lui ; jamais !... Chancelante, incertaine,
La duchesse en partant semblait craindre mes yeux.
Son effroi la ramène ; il faut l'observer mieux ;
Je lirai dans son cœur.

SCÈNE VII.

LIONI, ELENA, *dans le plus grand trouble.*

LIONI.

    Votre Altesse, j'espère,
D'une grave entrevue excuse le mystère.

ÉLÉNA.

Il ne m'appartient pas d'en sonder les secrets ;
Mais le doge est absent ?...

LIONI.

     Pour de grands intérêts.
Puis-je sans trop d'orgueil penser qu'une soirée
Où d'hommages si vrais je vous vis entourée,
Vous a laissé, madame, un heureux souvenir ?

ÉLÉNA.

    (A part.)
Charmant : j'y pense encor. Qui peut le retenir ?

(A Lioni.)

Ce prisonnier, sans doute, occupe son Altesse?

LIONI.

Lui-même. Qu'avez-vous?

ÉLÉNA.

Rien.

LIONI.

Il vous intéresse?

ÉLÉNA.

Moi!... mais c'est la pitié qui m'intéresse à lui :
Je plains un malheureux. Et son sort aujourd'hui?..

LIONI, *avec indifférence.*

Sera celui de tous.

ÉLÉNA, *à part.*

Que dit-il?

LIONI, *à part.*

Elle tremble.

ÉLÉNA.

D'autres sont accusés?

LIONI, *froidement.*

Tous périront ensemble.

Il a fait tant d'aveux!

ÉLÉNA, *vivement.*

A vous, seigneur?

ACTE IV, SCENE VII.

LIONI.

        Du moins
Au doge qui l'écoute.

ÉLÉNA.

    Au doge, et sans témoins ?

LIONI.

Sans témoins.

ÉLÉNA, *à part.*

   O bonheur !

LIONI, *à part.*

      Ce mot l'a rassurée.

(A Éléna.)
Mais votre Altesse hier s'est trop tôt retirée.
Ce bal semblait lui plaire, et le doge pourtant
Ne l'a de sa présence honoré qu'un instant.

ÉLÉNA.

Ses travaux lui rendaient le repos nécessaire.

LIONI.

Il veille encor.

ÉLÉNA, *vivement.*

    C'est moi, je dois être sincère,
C'est moi qui, fatiguée...

LIONI.

      Et vous veillez aussi...
Pour ne le pas quitter ?

ÉLÉNA.

Seule, inquiète ici,
J'attendais...

LIONI, *vivement.*

Qu'il revînt? Une affaire soudaine
L'a contraint de sortir?

ÉLÉNA.

Non ; mais sans quelque peine
Je ne pouvais penser que chez lui de retour
Un travail assidu l'occupât jusqu'au jour;
Et vous partagerez la crainte que m'inspire
Un tel excès de zèle.

LIONI.

En effet.

ÉLÉNA, *à part.*

Je respire.

LIONI, *à part.*

J'avais raison.

ÉLÉNA.

Il vient.

SCÈNE VIII.

ELENA, LIONI, FALIERO.

FALIERO, *qui prend Lioni à part.*

Le coupable a parlé.

ACTE IV, SCENE IX.

LIONI.

Eh bien ! seigneur ?

FALIERO.

Plus tard le conseil assemblé
Apprendra par mes soins tout ce qu'il doit apprendre.
Sous le pont des Soupirs Bertram vient de descendre :
Reposez-vous sur moi, sans vous troubler de rien ;
Je ferai mon devoir.

LIONI, *à part, après s'être incliné.*

Je vais faire le mien.

SCÈNE IX.

ELENA, FALIERO.

FALIERO.

La victoire me reste !

ÉLÉNA.

A quoi tient votre vie ?

FALIERO.

Qu'importe ? elle est sauvée.

ÉLÉNA.

Un mot vous l'eût ravie.

FALIERO.

Du cachot de Bertram ce mot ne peut sortir :
Renais à l'espérance.

ÉLÉNA.

Et comment la sentir ?
Mon cœur s'est épuisé dans cette angoisse affreuse;
Plaignez-moi : je n'ai pas la force d'être heureuse.

FALIERO.

Une heure encor d'attente !

ÉLÉNA.

Un siècle de douleurs,
Quand je crains pour vos jours !

FALIERO.

Qu'ils tremblent pour les leurs!
Adieu.

ÉLÉNA.

Vous persistez ?

FALIERO.

Mourir, ou qu'ils succombent!

ÉLÉNA. [tombent!
Vous mourrez !... C'est sur vous que vos projets re-
Ma terreur me le dit. C'est Dieu, mon cœur le sent;
C'est Dieu qui m'a parlé, la mort, la voix du sang.
C'est Fernando, c'est lui dont le sort vous menace,
Qui du doigt au cercueil m'a montré votre place.
Voulez-vous me laisser seule entre deux tombeaux?
Grâce ! J'ai tant pleuré ! ne comblez pas mes maux.
Cédez ; vous n'irez pas ! non : grâce ! il faut me croire.

Grâce pour moi, pour vous, pour soixante ans de [gloire!
FALIERO.
Mais ma gloire, c'est toi : ton époux, ton soutien
Perdra-t-il son honneur en mourant pour le tien?
Je ne venge que lui.

ÉLÉNA.

Que lui!

FALIERO.

Pour le défendre
Ma confiance en toi m'a fait tout entreprendre.
Sur ton pieux respect, sur ta jeune raison,
Si je me reposais avec moins d'abandon;
Pour lui faire un tourment de ma terreur jalouse,
Avili par mon choix, si j'aimais une épouse,
Qui, chargée à regret du fardeau de mes ans,
Pourrait à leurs dédains livrer mes cheveux blancs;
Non, non, je n'irais pas, combattu par mes doutes,
Affronter les périls que pour moi tu redoutes.

ÉLÉNA.

Grand Dieu!

FALIERO.

Je n'irais pas, follement irrité,
Pour venger de son nom l'opprobre mérité,
Pour elle, pour sa cause et ses jours méprisables,
Ternir un siècle entier de jours irréprochables.

11.

Non, courbé sous sa honte et cachant ma douleur,
Je n'aurais accusé que moi de mon malheur.

ÉLÉNA.

Qu'avez-vous dit?

FALIERO.

Mais toi, toi qu'ils ont soupçonnée,
Digne appui du vieillard à qui tu t'es donnée,
Modèle de vertu dans ce triste lien,
Ange consolateur, mon orgueil, mon seul bien...

ÉLÉNA.

O tourment!

FALIERO.

Tu verrais, de ta vie exemplaire,
L'outrage impunément devenir le salaire!
Ah! je cours...

ÉLÉNA.

Arrêtez!

FALIERO.

Ne te souviens-tu pas
De l'heure où ton vieux père expira dans nos bras?
A son dernier soupir il reçut ta promesse
De m'aimer, d'embellir, d'honorer ma vieillesse;
Tu l'as fait.

ÉLÉNA.

C'en est trop!

FALIERO.

Je promis à mon tour
De veiller sur ton sort jusqu'à mon dernier jour.
Ton père me l'ordonne.

ÉLÉNA.

Ecartez cette image.

FALIERO.

C'est lui...

ÉLÉNA.

Je parlerais!

FALIERO.

C'est lui qui m'encourage
A remplir mon devoir, à tenir mon serment,
A défendre sa fille.

ÉLÉNA.

A la punir.

FALIERO.

Comment?

ÉLÉNA.

Vengez-vous; punissez. Le sang qu'il vous demande,
C'est le mien. Punissez; votre honneur le commande;
Mais n'immolez que moi, moi seule : cet honneur
Pour qui vous exposez repos, gloire, bonheur,
Je l'ai perdu!

FALIERO.

Qu'entends-je? où suis-je? que dit-elle?
Qui, vous?

ÉLÉNA.

Fille parjure, épouse criminelle,
Mon père au lit de mort, vos bienfaits et ma foi,
Tout, oui, j'ai tout trahi.

FALIERO.

Point de pitié pour toi!
Mais il est un secret qu'il faut que tu déclares :
Ton complice?

ÉLÉNA.

Il n'est plus.

FALIERO.

Eléna, tu t'égares.
Comprends-tu bien les mots qui te sont échappés?
Sais-tu que, s'il est vrai, tu vas mourir?

ÉLÉNA.

Frappez!

FALIERO, *levant son poignard.*

Reçois ton châtiment!... mais non. Qu'allais-je faire?
Tu tremblais pour ma vie, et ta frayeur m'éclaire.
Non, non; en t'accusant tu voulais me sauver.

(Le poignard tombe de ses mains.)

A ce sublime aveu qui pouvait s'élever

ACTE IV, SCENE X.

De cette trahison ne fut jamais capable.
Dis que tu m'abusais, que tu n'es pas coupable;
Parle, et dans mon dessein je ne persiste pas,
J'y renonce, Eléna, parle... ou viens dans mes bras,
Viens, et c'en est assez!

ÉLÉNA.

Hélas! j'en suis indigne.
J'ai mérité la mort; frappez, je m'y résigne.
Ah! frappez!

FALIERO.

Et le fer de mes mains est tombé!
A sa honte, à mes maux, je n'ai pas succombé!...
J'entends mes conjurés; ce sont eux, voici l'heure.
Redevenons moi-même : il faut agir.

SCÈNE X.

FALIERO, ELENA, VEREZZA, SEIGNEURS DE LA NUIT, GARDES, *avec des torches.*

VEREZZA.

Demeure :
Envoyé par les Dix, je t'arrête en leur nom,
Doge, comme accusé de haute trahison.

ÉLÉNA.

Plus d'espoir!

FALIERO.

M'arrêter, moi, ton prince!

VEREZZA.

Toi-même:
Voici l'ordre émané de leur conseil suprême:
Obéis.

(Quatre heures sonnent.)

FALIERO.

Je commande, et votre heure a sonné.
Juge des factieux qui m'auraient condamné,
J'attends que le beffroi les livre à ma justice.
Ecoute; il va donner le signal du supplice.
Je brave ton sénat, tes maîtres, leurs bourreaux,
Et l'ordre qu'à tes pieds ma main jette en lambeaux.

VEREZZA.

Ton espérance est vaine.

ÉLÉNA.

Aucun bruit!

FALIERO.

Quel silence!

VEREZZA.

Tu n'as pas su des Dix tromper la vigilance;
Les cachots ont parlé : ne nous résiste pas.

FALIERO.

C'en est donc fait; marchons.

ACTE V, SCENE X.

ÉLÉNA.

Je m'attache à vos pas.

FALIERO, *qui la ramène sur le devant de la scène.*

(A voix basse.)

Vous!.. et quels sont les droits de celle qui m'implore?
Son titre? que veut-elle? ai-je une épouse encore?
Je ne vous connais pas; je ne veux plus vous voir.
Contre un arrêt mortel, qu'il m'est doux de prévoir,
Ma vie à son déclin sera peu défendue ;
Pour que la liberté vous soit enfin rendue,
Eléna, je mourrai; c'est tout ce que je puis :
Vous pardonner, jamais!

(A Eléna, qui le suit, les mains jointes.)

Non, restez.

(A Verezza.)

Je vous suis.

FIN DU QUATRIÈME ACTE.

ACTE CINQUIÈME.

[Une salle voisine de celle où les Dix sont entrés pour délibérer. Autour de la salle, les portraits des doges; au fond, une galerie ouverte qui donne sur la place, à la porte deux soldats en sentinelle.]

SCÈNE I.

FALIERO, ISRAEL.

ISRAEL. *Il est assis.*
Un plan si bien conduit! ô fortune cruelle!
Attendre ce moment pour nous être infidèle!
Quand je voyais crouler leur pouvoir chancelant,
Quand nous touchions au but... mais j'oublie en par-
Que mon prince est debout.   [tant

FALIERO, *à Israël, qui fait un effort pour se lever.*
                    Demeure : la souffrance
Vient de briser ton corps sans lasser ta constance.
Je voudrais par mes soins adoucir tes douleurs;
Que puis-je?

ACTE V, SCENE I.

ISRAEL.

Dans vos yeux je vois rouler des pleurs.

FALIERO.

Je pleure un brave.

ISRAEL.

Et moi, tandis qu'on délibère,
Je fais des vœux pour vous, qui me traitez en frère.

FALIERO.

Comme autrefois.

ISRAEL.

Toujours le frère du soldat,
Consolant le blessé qui survit au combat.

FALIERO.

Ces temps-là ne sont plus.

ISRAEL.

Mais alors quelle joie,
Quand nous fendions les mers pour saisir notre proie!

FALIERO.

En maître sur les flots du golfe ensanglanté,
Que mon Lion vainqueur voguait avec fierté!
Tu t'en souviens?

ISRAEL.

O jours d'éternelle mémoire!
Que Venise était belle après une victoire :

FALIERO.

Et nous ne mourrons pas sous notre pavillon !

ISRAEL.

Misérable Bertram ! parler dans sa prison,
Nous trahir, comme un lâche, à l'aspect des tortures !
Comptez donc sur la foi de ces ames si pures,
Sur leur sainte ferveur ! Et tremblant, indigné,
Le tenant seul à seul, vous l'avez épargné ?

FALIERO.

Il pleurait.

ISRAEL.

D'un seul coup j'aurais séché ses larmes.

FALIERO.

Peut-être.

ISRAEL.

Dans mes bras, si j'eusse été sans armes,
J'aurais, en l'étouffant, voulu m'en délivrer;
Mon général sait vaincre, et je sais conspirer.

FALIERO.

Pourquoi tous tes amis n'ont-ils pas ton courage?

ISRAEL.

Ils viennent de partir pour leur dernier voyage.
Strozzi vend nos secrets qu'on lui paie à prix d'or;
Il vivra. Mais, Pietro, je crois le voir encor :
L'œil fier, d'une main sûre et sans reprendre haleine,

ACTE V, SCENE I.

Il vide, en votre honneur, sa coupe trois fois pleine,
S'avance, et répétant son refrain familier :
« Que saint Marc soit, dit-il, en aide au gondolier. »
Il s'agenouille alors, il chante et le fer tombe.

FALIERO.

Nous le suivrons tous deux.

ISRAEL.

Non : pour vous sur ma tombe
Le soleil de Zara doit encor se lever.

FALIERO.

Qu'espères-tu ? jamais.

ISRAEL.

Trop lâches pour braver
Le peuple furieux rassemblé dans la place,
De condamner leur père ils n'auront pas l'audace.
Moi, pendant tout un jour qu'ont rempli ces débats
J'ai su me résigner ; que ferais-je ici-bas ?
Je n'ai point de famille, et n'ai plus de patrie ;
Mais vous, votre Eléna, votre épouse chérie...

FALIERO, *avec douleur.*

Israel !...

ISRAEL.

Ah ! pardon ! ce nom doit vous troubler.
Un marin tel que moi ne sait pas consoler ;
Son bon cœur qui l'entraîne a besoin d'indulgence.

FALIERO, *après lui avoir serré la main.*
Ils reviennent.

ISRAEL, *se relevant.*
Debout j'entendrai ma sentence.

SCÈNE II.

FALIERO, ISRAEL, BENETINDE, LIONI, STENO,
LES DIX, LES MEMBRES DE LA JUNTE, GARDES.

BENETINDE.
Le crime reconnu, les témoins écoutés,
Tel est l'arrêt des Dix par la junte assistés :
Israël Bertuccio, sois puni du supplice
Qu'on réserve au forfait dont tu fus le complice.
Meurs : c'est le châtiment contre toi prononcé.
Sur le balcon de marbre où le doge est placé,
Quand des jeux solennels il contemple la fête,
Le glaive de la loi fera rouler ta tête.

ISRAEL.
Est-il prêt? je le suis.

LIONI.
Tu n'as plus qu'un moment :
Un aveu peut encor changer ton châtiment.
Que cherches-tu?

ISRAEL

Ces mots ont droit de me confondre;
Je cherchais si Bertram était là pour répondre.

LIONI.

Fidèle à son devoir, il a su le remplir.

ISRAEL.

Oui, comme délateur : quand doit-on l'anoblir?

BENETINDE.

Ainsi tu ne veux pas nommer d'autres coupables?

ISRAEL.

Et, si je dénonçais les traîtres véritables,
Périraient-ils?

BENETINDE.

Ce soir.

ISRAEL.

Je vous dénonce tous.
Finissons : vos bourreaux m'ont lassé moins que vous.

(Il retombe assis.)

BENETINDE, *à Faliero*.

Le doge en sa faveur n'a-t-il plus rien à dire?

FALIERO.

Chef des Dix, quel que soit l'arrêt que tu vas lire,
J'en appelle.

BENETINDE.

A qui donc?

12.

FALIERO.
                    A mon peuple ici-bas,
Et dans le ciel à Dieu.
            BENETINDE.
                    Que Dieu t'ouvre ses bras,
C'est ton juge, après nous, tu n'en auras pas d'autre.
            FALIERO.
Son tribunal un jour me vengera du vôtre.
            (Montrant Sténo.)
Il le doit : parmi vous je vois un assassin.
            BENETINDE.
En vertu de sa charge admis dans notre sein,
A siéger malgré lui Sténo dut se résoudre.
            STÉNO.   [soudre,
Doge, un seul vœu dans l'urne est tombé pour t'ab-
            FALIERO.
Lisez, j'attends.
            BENETINDE, *d'une voix émue.*
                    Puissé-je étouffer la pitié
Que réveille en mon cœur une ancienne amitié!
    (A Faliero.)
«Toi, noble, ambassadeur, général de Venise,
» Et gouverneur de Rhode à tes armes soumise,
» Duc de Vald-Marino, prince, chef du sénat,
» Toi doge, convaincu d'avoir trahi l'état...

(Passant la sentence à Lioni.)

Achevez, je ne puis.

LIONI.

» Tu mourras comme traître.
» Maudit sera le jour où tu fus notre maître.
» Tes palais et tes fiefs grossiront le trésor;
» Ton nom disparaîtra, rayé du livre d'or.
» Tu mourras où ton front ceignit le diadème;
» L'escalier des géans, à ton heure suprême,
» Verra le criminel, par ses pairs condamné,
» Périr où le héros fut par eux couronné.

(Montrant les portraits des doges.)

» Entre nos souverains, contre l'antique usage,
» Tu ne revivras pas dans ta royale image.
» A la place où ton peuple aurait dû te revoir,
» Le tableau sera vide, et sur le voile noir [mes,
» Dont la main des bourreaux recouvre leurs victi-
» On y lira ces mots : Mis à mort pour ses crimes ! »

FALIERO.

Bords sacrés, ciel natal, palais que j'élevai,
Flots rougis de mon sang, où mon bras a sauvé
Ces fiers patriciens qui, sans moi, dans les chaînes
Rameraient aujourd'hui sur les flottes de Gênes,
De ma voix qui s'éteint recueillez les accens !
Si je fus criminel, sont-ils donc innocens?

Je ne les maudis pas : Dieu lui seul peut maudire.
Mais voici les destins que je dois leur prédire :
Faites pour quelques-uns, les lois sont des fléaux;
Point d'appuis dans un peuple où l'on n'a point d'é-
Seuls héritiers par vous des libertés publiques, [gaux.
Vos fils succomberont sous vos lois despotiques.
Esclaves éternels de tous les conquérans,
Ces tyrans détrônés flatteront des tyrans.
Leurs trésors passeront, et les vices du père
Aux vices des enfans lègueront la misère.
Nobles déshonorés, un jour on les verra,
Pour quelques pièces d'or qu'un juif leur jettera,
Prostituer leur titre, et vendre les décombres
De ces palais déserts où dormiront vos ombres.
D'un peuple sans vigueur mère sans dignité,
Stérile en citoyens dans sa fécondité,
Lorsque Venise enfin de débauche affaiblie,
Ivre de sang royal, opprimée, avilie,
Morte, n'offrira plus que deuil, que désespoir,
Qu'opprobre aux étrangers, étonnés de la voir :
En sondant ses cachots, en comptant ses victimes,
Ils diront : elle aussi, mise à mort pour ses crimes!

BENETINDE.

Par respect pour ton rang nous t'avons écouté,
Et tant que tu vivras tu seras respecté.

Tu nous braves encor : le peuple te rassure ;
Mais autour du palais vainement il murmure.
N'attends rien que de nous : d'une part de tes biens
Tu pourras disposer pour ta veuve et les tiens.
Dis-nous quels sont tes vœux ; car ton heure est pro-
Parle. [chaine;

FALIERO.

Laissez-moi seul.

BENETINDE, *montrant Israël.*

Qu'au supplice on l'entraîne.

ISRAEL, *Il s'avance et tombe à genoux devant le doge.*
Soldat, je veux mourir, béni par cette main
Qui de l'honneur jadis m'a montré le chemin.

FALIERO.

A revoir dans le ciel, mon vieux compagnon d'armes!
Jusqu'à ton dernier jour toi qui fus sans alarmes,
Sois sans remords !

(Il le relève.)

Avant de subir ton arrêt,
Embrasse ton ami...

ISRAEL.

Mon prince daignerait...

FALIERO.

Titre vain! entre nous il n'est plus de distance :

Quand la mort est si près l'égalité commence.
(Israël se jette dans les bras du doge.)

BENETINDE, *aux soldats qui entourent Israël.*
Allez !
(Aux membres de la Junte.)
Retirons-nous.

SCÈNE III.

FALIERO.

Qui l'eût pensé jamais ?
J'expire, abandonné par tous ceux que j'aima[i]
Lui seul ne me doit rien, il m'est resté fidèle.
Mais quoi ! de tant d'amis, qui me vantaient leur z[è]
Dont j'ai par mes bienfaits mérité les adieux,
Pas un qui devant moi ne dût baisser les yeux !
Et même dans la tombe où je m'en vais descen[dre]
Celui qui fut mon fils... ne troublons pas sa cen[dre]
Je l'ai béni !... Des biens me sont laissés par eux :
Donnons-les. A qui donc ? Pourquoi faire un h[eu]
[reu]
Puis-je y trouver encore une douceur secrète ?
Je n'ai pas dans le monde un cœur qui me regre[t]
(Il s'assied près de la table, où il écrit.)
Qu'importe ?

SCÈNE IV.

ELENA, FALIERO.

ÉLÉNA.

J'ai voulu vous parler sans témoins ;
Enfin on l'a permis. Puis-je approcher ?
(Le doge ne tourne pas la tête, et reste immobile sans lui répondre.)
            Du moins
Répondez.
    (Le doge continue de garder le silence.)
Par pitié, daignez me le défendre ;
J'entendrai votre voix.
        (Même silence du doge.)
            M'éloigner sans l'entendre !
Il le faut donc !
(Elle fait un pas pour sortir ; revient, se traîne jusqu'auprès de Fa-
    liero, saisit une de ses mains, et la baise avec transport.)
FALIERO. *Il se retourne, la prend dans ses bras, la
    couvre de baisers et de larmes, et lui dit :*
    Ma fille a tardé bien long-temps !

ÉLÉNA.

O ciel ! c'est mon arrêt qu'à vos genoux j'attends ;
Celle que vous voyez sous sa faute abattue,

Elle a causé vos maux, c'est elle qui vous tue,
Et vous lui pardonnez !

FALIERO, *la relevant.*

Qui ? moi ! je ne sais rie[n]

ÉLÉNA.

Quoi ! vous oubliez tout !

FALIERO.

Non : car je me souvie[ns]
Que tu m'as fait aimer une vie importune ;
Tes soins l'ont prolongée, et dans mon infortu[ne]
Tu m'adoucis la mort, je le sens.

ÉLÉNA.

Espérez !
Partout de vos vengeurs ces murs sont entouré[s].

(Un murmure sourd et prolongé se fait entendre.)

FALIERO.

Ils ne feront pourtant que hâter mon supplice.

ÉLÉNA.

On n'accomplira pas cet affreux sacrifice :
Ils vont vous délivrer ; entendez-vous leurs cri[s]!

FALIERO.

Je voudrais te laisser l'espoir que tu nourris ;
Mais la nuit qui s'approche est pour moi la derni[ère]
Ne repousse donc pas mon unique prière.

ACTE V, SCENE IV.

ÉLÉNA.

Ordonnez : quels devoirs voulez-vous m'imposer ?
Je m'y soumets.

FALIERO, *lui remettant un papier.*

Tiens, prends ! tu ne peux refuser :
C'est le présent d'adieu d'un ami qui s'absente,
Mais que tu reverras.

ÉLÉNA.

C'en est trop !... innocente,
J'aurais pu l'accepter ; coupable...

FALIERO.

Que dis-tu ?
Si c'est un sacrifice, accepte par vertu :
Supporter un bienfait peut avoir sa noblesse.
Sois fière encor du nom qu'un condamné te laisse ;
Des monumens humains que sert de le bannir ?
De mes travaux passés l'éternel souvenir,
Sur les mers, dans les vents, planera d'âge en âge ;
Et jamais nos neveux ne verront du rivage
Les vaisseaux sarrasins blanchir à l'horizon,
Sans parler de ma vie et murmurer mon nom.
Sois fière de tous deux.

(Nouveaux cris du peuple.)

ÉLÉNA.

Qu'avec vous je succombe ;
Je n'ai pas d'autre espoir.

FALIERO.

Et demain sur ma tombe,
Qui donc, si tu n'es plus, jettera quelques fleurs?
Car tu viendras, ma fille, y répandre des pleurs,
N'est-ce pas?

ÉLÉNA.

Moi! grand Dieu!

FALIERO.

Toi, que j'ai tant aimée,
Que j'aime!

ÉLÉNA.

Sans espoir, de remords consumée,
Je vivrai, si je puis, je vivrai pour souffrir.

FALIERO.

Songe à ces malheureux qui viennent de périr;
Veille sur leurs enfans dont je plains la misère.

ÉLÉNA.

Je prodiguerai l'or.

FALIERO.

Qu'ils te nomment leur mère;
Fais-moi chérir encor par quelque infortuné.

ÉLÉNA.

Mais je pourrai mourir quand j'aurai tout donné?

FALIERO. (Le jour baisse.)

Digne de ton époux; et ton juge suprême,
Indulgent comme lui, pardonnera de même.

ACTE V, SCENE IV.

(La lueur et le passage des torches qu'on voit à travers les vitraux du fond indiquent un mouvement dans la galerie. Verezza paraît, accompagné de deux affidés qui portent le manteau et la couronne du doge. Faliero leur fait signe qu'il va les suivre, et se place entre eux et Éléna, de manière qu'elle ne puisse les apercevoir.)

J'ai besoin de courage, et j'en attends de toi.
Epargne un cœur brisé.

ÉLÉNA.

C'est un devoir pour moi :
Quand le moment viendra, je serai sans faiblesse.

FALIERO.

Eh bien !... il est venu.

ÉLÉNA, *avec désespoir.*

Déjà !

FALIERO, *la serrant contre son sein*

Tiens ta promesse...
Adieu !

ÉLÉNA.

Jamais ! jamais ! Non, ne me quittez pas !
Non, non ! je veux... j'irai... j'expire dans vos bras.

FALIERO.

Elle ne m'entend plus : elle pâlit, chancelle.

(Il la place dans un fauteuil.)

L'abandonner ainsi !... Grand Dieu, veillez sur elle !

(Il lui donne un dernier baiser; on le couvre du manteau ducal; il place la couronne sur sa tête, et suit Verezza. Le tumulte s'accroît; on entend retentir avec plus de force ces cris : Faliero ! Faliero ! grâce ! grâce !

SCÈNE V.

ELENA, *qui se ranime par degrés.*

Votre grâce... oui... marchons.
(Regardant autour d'elle.)
Ciel ! par eux immolé,
Il va périr... Mais non... les cris ont redoublé :
Le peuple au coup mortel peut l'arracher encore.
(Se laissant glisser à genoux.)
[plore !
Dieu clément ! c'est leur père ! O mon Dieu, je t'im-
Les portes vont s'ouvrir. Frappez tous; brisez-les !...
La foule a pénétré dans la cour du palais ;
On les force à laisser leur vengeance imparfaite !
Il est sauvé, sauvé ! courons...

LIONI, *suivi des Dix; il paraît dans la galerie du fond, un glaive d'une main et la couronne ducale de l'autre ; il crie au peuple :*

Justice est faite !
(Eléna tombe privée de sentiment.)

FIN DE MARINO FALIERO.

LOUIS XI,

TRAGÉDIE EN CINQ ACTES,

REPRÉSENTÉE SUR LE THÉATRE-FRANÇAIS,
LE 11 FÉVRIER 1832.

« .... Il y a quatre ou cinq jours que, passant devant la maison d'un de mes compa‑ gnons, je le voulus visiter : et après avoir faict quelques tours dans sa sale, je demande de voir son estude. Soudain que nous y sommes entrés, je trouve sur son pulpitre un vieux livre ouvert. Je m'enquiers de luy de quoy il traitoit, il me respond que c'estoit l'histoire du Roy Louys on‑ zième, que l'on appeloit la mesdisante. Je la luy demande d'emprunt, comme celle que je cher‑ chois, il y avoit long-temps, sans la pouvoir recouvrer. Il me la preste. Hé! vrayement (dy-je lors), je suis amplement satisfaict de la visitation que j'ay faicte de vous. Ainsi fusse-je prompte‑ ment payé de tous ceux qui me doivent. J'emporte le livre en ma maison, je le lis et digère avec telle diligence que je fais les autres. En un mot, je trouve que c'estoit une histoire, en forme de papier journal, faicte d'une main peu industrieuse, mais diligente et non partiale, qui n'oublioit rien

» de tout ce qui estoit remarquable de son temps.
» Tellement qu'il me sembla qu'il n'y avoit que les
» mesdisans qui la puissent appeler mesdisante. Ap-
» pelez-vous mesdisance en un historiographe,
» quand il vous estale sur son papier la vérité toute
» nue? Nul n'est blessé que par soy-mesme. Le pre-
» mier scandale provient de celuy qui faict le mal,
» et non de celuy qui le raconte.

» Je trouve en ce Roy un esprit prompt, remuant
» et versatil, fin et feint en ses entreprises, léger
» à faire des fautes, qu'il réparoit tout à loisir au
» poix de l'or, prince qui savoit par belles promes-
» ses donner la muse à ses ennemis, et rompre
» tout d'une suite, et leurs cholères, et leurs des-
» seins : impatient du repos, ambitieux le possible,
» qui se jouoit de la justice selon que ses opinions
» lui commandoyent, et qui pour parvenir à son
» but n'épargnoit rien ny du sang, ny de la bource
» de ses sujets; et ores qu'il fit contenance d'estre
» plein de religion et de piété, si en usoit-il tantost
» selon la commodité de ses affaires, tantost par
» une superstition admirable; estimant luy estre
» toutes choses permises, quand il s'estoit acquitté
» de quelque pellerinage. Brief plein de volontés
» absolues, par le moyen desquelles, sans cognois-

» sance de cause, il appointoit et des-appointoit
» tels officiers qu'il luy plaisoit : et sur ce mesme
» moule se formoit quelquefois des fadaises et sot-
» tises dont il ne vouloit estre dédit.

» A manière que se trouvant tous ces mélanges
» de bien et mal en un sujet, ce n'est point sans
» occasion que ce Roy ayt esté extollé par quelques-
» uns, et par les autres vitupéré. Voyla ce que j'ay
» pu recueillir en brief de toutes ses actions.

» Je voy au bout de tout cela un jugement de
» Dieu, qui courut miraculeusement dessus luy,
» car tout ainsi que cinq ou six ans auparavant son
» advènement à la couronne, il avoit affligé le Roy
» son père, et qu'il se bannit de la présence de luy,
» ayant choisi pour sa retraite le duc de Bourgogne,
» qui estoit en mauvais mesnage avec nous, aussi
» sur son vieil âge fut-il affligé, non par son fils,
» ains par soy-mesmes, en la personne de son fils,
» qui n'estoit encores capable pour sa grande jeu-
» nesse de rien attenter contre l'Estat de son père.
» Tellement que pour le rendre moins habile aux
» affaires, il ne voulut qu'en son bas âge il fust
» institué aux nobles exercices de l'esprit : et en-
» cores le confina au chasteau d'Amboise, l'esloi-
» gnant en ce qui luy estoit possible de la vue de

» sa cour. Davantage ayant excessivement affligé
» son peuple en tailles, aydes et subsides extraor-
» dinaires, et tenu les princes et seigneurs en
» grandes craintes de leurs vies, ainsi que l'oyseau
» sur la branche. (Car nul ne se pouvoit dire as-
» suré, ayant affaire avec un prince infiniment
» diversifié.)

» Aussi sur le déclin de son âge, commença-t-il
» à se desfier de tous ses principaux sujets, et n'y
» avoit rien qui l'affligeast tant que la crainte de
» la mort; faisant ès recommandations de l'Eglise
» plus prier pour la conservation de sa vie que de
» son ame. C'est la plus belle philosophie que je
» rapporte de son histoire. Je dirois volontiers que
» les historiographes se donnent la loy de faire le
» procès aux princes : mais il faut que je passe plus
» outre et ajoute, que les princes se le font à eux-
» mesmes. Dieu les martelle de mille tintoins qui
» sont autant de bourreaux en leurs consciences.
» Ce Roy qui avoit faict mourir tant de gens, ainsi
» que sa passion luy en dictoit les mémoires, par
» l'entremise de Tristan l'hermite, luy-mesme es-
» toit son triste prévost, mourant d'une infinité
» de morts le jour avant que de pouvoir mourir,
» estant entré en une générale desfiance de tout le

» monde. Ceste-cy est une belle leçon que je sou-
» haite estre emprainte aux cœurs des Roys, à fin
» de leur enseigner de mettre frain et modestie en
» leurs actions. Commines fera son profit de la vie
» de ce Roy pour montrer avec quelle dextérité il
» sut avoir le dessus de ses ennemis : et de moy
» toute l'utilité que j'en veux rapporter sera, pour
» faire entendre comme Dieu sçait avoir le dessus
» des Roys quand il veut les chastier. Adieu. »

LETTRE D'ESTIENNE PASQUIER

A M. DE TIARD, SEIGNEUR DE BISSY.

PERSONNAGES.

LOUIS XI. — M. Ligier.
LE DAUPHIN. — Mme Menjaud.
Le duc DE NEMOURS. — M. Geffroy.
COMMINE. — M. Perrier.
COITIER, médecin du roi. — M. Joanny.
FRANÇOIS DE PAULE. — M. Desmousseaux.
OLIVIER-LE-DAIM. — M. Samson.
TRISTAN, grand-prévôt. — M. Guiaud.
MARIE, fille de Commine. — Mlle Anaïs.
Le comte DE LUDE. — M. Bouchet.
Le cardinal D'ALBY. — M. Dumilatre.
Le comte DE DREUX. — M. Marius.
Le duc DE CRAON. — M. Mirecour.
MARCEL, paysan. — M. Monrose.
MARTHE, sa femme. — Mme Dupont.
RICHARD, paysan. — M. Colson.
DIDIER, paysan. — M. Regnier.
CRAWFORD.

DEUX ÉCOSSAIS, UN MARCHAND, UN HÉRAUT, UN OFFICIER DE LA CHAMBRE, UN OFFICIER DU CHATEAU, CLERGÉ, CHATELAINES, CHEVALIERS, etc.

LOUIS XI.

ACTE PREMIER.

Une campagne; le château du Plessis au fond sur le côté; quelques cabanes éparses. Il fait nuit.

SCÈNE PREMIÈRE.

TRISTAN, RICHARD, GARDES.

TRISTAN, *à Richard.*

Ton nom?

RICHARD.

Richard, le pâtre.

TRISTAN.

Arrête; et ta demeure?

RICHARD, *montrant sa cabane.*

J'en sors.

TRISTAN.

Le roi défend de sortir à cette heure.

RICHARD.

J'allais, pour assister un malade aux abois,
Chercher le desservant de Saint-Martin-des-Bois.

TRISTAN.

Rentre, ou les tiens verront avant la nuit prochaine
La justice du roi suspendue à ce chêne.

RICHARD.

Mon fils...

TRISTAN.

Rentre!

RICHARD.

Il se meurt.

TRISTAN.

Tu résistes, je crois!
Obéis, ou Tristan...

RICHARD, *avec terreur, en regagnant sa cabane.*

Dieu conserve le roi!

SCÈNE II.

TRISTAN, GARDES.

UNE VOIX DE L'INTÉRIEUR.

Qui vive?

TRISTAN.

Grand-prévôt!

LA MÊME VOIX.

Garde à vous, sentinelle !
Et vous, archers, à moi !

UN OFFICIER, *qui sort du château à la tête de plusieurs soldats.*

Le mot d'ordre ?

TRISTAN, *à voix basse.*

Fidèle !

L'OFFICIER, *de même.*

France !

(Ils entrent dans le château.)

SCÈNE III.

COMMINE, *seul.*

(Il tient un rouleau de parchemin, et vient s'asseoir au pied d'un chêne. — Le jour commence.)

Reposons-nous sous cet ombrage épais ;
Ce travail a besoin de mystère et de paix.
Calme heureux ! aucun bruit ne frappe mon oreille,
Hors le chant des oiseaux que la lumière éveille,
Et le cri vigilant du soldat écossais
Qui défend ces créneaux et garde un roi français.
Je suis seul, relisons : du jour qui vient de naître

Cette heure m'appartient; le reste est à mon maître.
(Il ouvre le manuscrit.)

Mémoires de Commine!... Ah! si les mains du roi
Déroulaient cet écrit qui doit vivre après moi,
Où chacun de ses jours, recueilli pour l'histoire,
Laisse un tribut durable et de honte et de gloire,
Tremblant, on le verrait, par le titre arrêté,
Pâlir devant son règne à ses yeux présenté.
De vices, de vertus quel étrange assemblage!
(Il lit; le medecin Coitier passe au fond de la scène, le regarde et entre dans la cabane de Richard.)

(Interrompant sa lecture.)
Là, quel effroi honteux! là, quel brillant courage!
Que de clémence alors, plus tard que de bourreaux!
Humble et fier, doux au peuple et dur aux grands vas-
Crédule et défiant, généreux et barbare,   [saux,
Autant il fut prodigue, autant il fut avare.
(Il passe à la fin du manuscrit.)

Aujourd'hui quel tableau! Je tremble en décrivant
Ce château du Plessis, tombeau d'un roi vivant,
Comme si je craignais qu'un vélin infidèle
Ne trahît les secrets que ma main lui révèle.
Captif sous les barreaux dont il charge ces tours,
Il dispute à la mort un reste de vieux jours;
Usé par ses terreurs, il se détruit lui-même,
S'obstine à porter seul un pesant diadème,

S'en accable, et jaloux de son jeune héritier,
Ne vivant qu'à demi, règne encor tout entier.
Oui, le voilà : c'est lui.

(Il reste absorbé dans sa lecture.)

SCÈNE IV.

COMMINE, COITIER.

COITIER, *sortant d'une cabane, à Richard et à quelques paysans.*

Rentrez, prenez courage ;
Des fleurs que je prescris composez son breuvage :
Par vos mains exprimés, leurs sucs adoucissans
Rafraîchiront sa plaie et calmeront ses sens.

COMMINE, *sans voir Coitier.*

Effrayé du portrait, je le vois en silence
Chercher un châtiment pour tant de ressemblance.

COITIER, *lui frappant sur l'épaule.*

Ah ! seigneur d'Argenton, salut !

COMMINE.

Qui m'a parlé ?

Vous ! pardon !... je rêvais.

COITIER.

Et je vous ai troublé ?

COMMINE.

D'un règne à son déclin l'avenir est sinistre.

COITIER.

Sans doute, un roi qui meurt fait rêver un ministre.

COMMINE.

Mais vous, maître Coitier, dont les doctes secrets
Ont des maux de ce roi ralenti les progrès,
Cette heure à son lever chaque jour vous rappelle;
Qui peut d'un tel devoir détourner votre zèle?

COITIER.

Le roi! toujours le roi! qu'il attende.

COMMINE.

Du moins,
Autant qu'à ses sujets vous lui devez vos soins.

COITIER.

A qui souffre pour lui je dois plus qu'à lui-même.

COMMINE.

Vous l'accusez toujours.

COITIER.

Vous le flattez.

COMMINE.

Je l'aime.

Qui vous irrite?

COITIER.

Un crime : hier, sur ces remparts,

ACTE I, SCENE IV.

Un pâtre que je quitte arrêta ses regards;
Des archers du Plessis l'adresse meurtrière
Faillit, en se jouant, lui ravir la lumière.

COMMINE.

Qu'il se plaigne; le roi deviendra son appui.

COITIER.

Qu'il se taise; Tristan pourrait penser à lui.

COMMINE.

Sur ce vil instrument jetez votre colère.

COITIER.

J'impute au souverain les excès qu'il tolère.

COMMINE.

La crainte est son excuse.

COITIER.

Il craint un assassin,
Et la mort qu'il veut fuir, il la porte en son sein.
La terreur qu'il répand sur son cœur se rejette;
Il tourne contre lui sa justice inquiète;
Lui-même est le bourreau de ses nuits, de ses jours;
Lui, dont l'ordre inhumain... ah! malheureux Ne-
COMMINE. [mours!
Nemours était coupable.

COITIER.

Et je le crois victime.
Je rends à sa mémoire un culte légitime.

Moi, serviteur obscur, nourri dans sa maison,
Je l'ai vu cultiver ma précoce raison.
Ses dons m'ont soutenu dans une étude ingrate.
Quand Montpellier m'admit sur les bancs d'Hippo-
L'hermine des docteurs conquise lentement [crate,
Para ma pauvreté d'un stérile ornement.
Je crus Nemours : j'osai, séduit par ses paroles,
Secouer pour la cour la poudre des écoles.
Ma rudesse étonna : ma brusque liberté
Heurta ce vieux respect par la foule adopté.
On me vit singulier et l'on me crut habile.
La stupeur à mes pieds mit cette cour servile,
Quand j'osai gouverner, sans prendre un front plus
La santé de celui qui vous gouvernait tous. [doux,
Nemours fit ma fortune, et moi, moi, son ouvrage,
Je n'ai pu de son roi fléchir l'aveugle rage !
Brillant de force alors, Louis, plein d'avenir,
Méprisa cette voix qui devait l'en punir,
Frappa mon bienfaiteur, et jeta sa famille
Dans la nuit des cachots creusés sous la Bastille.
Un de ses fils, un seul, voit la clarté des cieux ;
J'ai soustrait avec vous ce dépôt précieux,
Je vous l'ai confié ; soit pitié, soit justice,
De ce pieux larcin Commine fut complice.
Oui, vous !

ACTE, I SCENE IV.

COMMINE.

Coitier!

COITIER.

Vous-même!

COMMINE.

Au nom du ciel, plus bas!

COITIER.

Eh bien! plaignez Nemours, et ne l'accablez pas.
Mon cœur saigne, je souffre, et ne puis me contrain-
[dre,
Lorsque, seul avec moi, je vous surprends à feindre,
Et que sur un ami vos yeux n'osent verser
Quelques pleurs généreux qu'on pourrait dénoncer.

COMMINE.

Peu jaloux d'étaler une douleur stérile,
Je tais la vérité qui nuit sans être utile ;
Notre intérêt commun exige cet effort.

COITIER.

Vous la tairez toujours, à moins qu'après la mort,
Affranchi des terreurs qu'un trône vous inspire,
Vos mânes du tombeau ne sortent pour la dire.

COMMINE.

Peut-être... Mais, Coitier, quand de mon dévoûment
Un gage trop certain vous parle à tout moment,
Qu'importe si des cours un long apprentissage

Fait mentir à dessein mes yeux et mon visage?
A Nemours, comme vous, uni par l'amitié,
N'ai-je montré pour lui qu'une oisive pitié?
Ses fils ne craignaient plus : leur père était sans vie,
La vengeance du roi vous semblait assouvie :
Quelle voix dissipa votre commune erreur?
La mienne; de leur sort j'avais prévu l'horreur.
Un seul voulut nous croire, et préparant sa fuite,
A des amis zélés j'en remis la conduite.
Quel refuge assuré s'ouvrit devant ses pas?
C'est ma famille encor qui lui tendit les bras.
Le duc Charle, à Péronne, instruit avec prudence,
Reçut de ses malheurs l'entière confidence,
Le vit et l'accueillit comme un hôte fatal
Dont il pourrait un jour s'armer contre un rival.
Si la fortune alors lui devint moins sévère,
Plus j'ai fait pour le fils, plus j'ai blâmé le père.
Courageux sans danger, vous régnez sur le roi;
Mais un sort différent m'impose une autre loi;
Et quand, près de Louis, le devoir nous rassemble,
Il tremble devant vous, et devant lui je tremble.

COITIER.

Et c'est par crainte encor que, forcé d'accepter,
D'un fief des Armagnacs on vous vit hériter,
Apanage sanglant que leur bourreau vous donne,

ACTE I, SCENE IV.

Et dont les échafauds ont doté la couronne.

COMMINE.

Ma fille, en épousant Nemours que j'ai sauvé,
Lui rendra ce dépôt sous mon nom conservé.
Elle était dans l'exil sa compagne chérie :
Ils s'aimaient, je le sus ; et rappelant Marie,
J'approuvai qu'un hymen, aujourd'hui dangereux,
Les unît par mes mains dans des temps plus heureux.

COITIER.

Quand il ne sera plus ?

COMMINE.

Eh ! qui donc ?

COITIER, *montrant les tours du Plessis.*

Lui !

COMMINE.

Silence !
Eh bien ! m'accusez-vous d'un excès d'indulgence ?
Blâmez-vous cet hymen ?

COITIER.

J'admire, en y songeant,
Le politique adroit dans le père indulgent.
Qui sait? des Armagnac la grandeur peut renaître ;
Admis dans les secrets de votre premier maître,
Nemours est cher au duc, adoré du soldat ;
Ce gendre tout-puissant ne sera point ingrat,

Et, si votre fortune essuyait quelque orage,
Vous prépare en Bourgogne un port dans le naufrage.

COMMINE.

C'est chercher, je l'avoue, un but trop généreux
Au soin tout paternel qui m'a touché pour eux.
A la cour sous ces traits que n'allez-vous me peindre?

COITIER.

Vous n'eussiez point parlé si vous pouviez le craindre.
Mes amis les plus chers sont par moi peu flattés,
Mais je garde pour eux ces dures vérités.

COMMINE.

Epargnez-les du moins à Louis qui succombe.

COITIER.

Quand les entendrait-il? serait-ce dans la tombe?

COMMINE.

Vous, son persécuteur, devenez son soutien.

COITIER.

Il serait mon tyran, si je n'étais le sien.
Vrai Dieu! ne l'est-il pas? sait-on ce qu'on m'envie?
Du médecin d'un roi sait-on quelle est la vie?
Cet esclave absolu qui parle en souverain
Ment lorsqu'il se dit libre, et porte un joug d'airain.
Je ne m'appartiens pas; un autre me possède :
Absent, il me maudit, et présent, il m'obsède;
Il me laisse à regret la santé qu'il n'a pas;

S'il reste, il faut rester; s'il part, suivre ses pas,
Sous un plus dur fardeau baissant ma tête altière
Que les obscurs varlets courbés sous sa litière.
Confiné près de lui dans ce triste séjour,
Quand je vois sa raison décroître avec le jour,
Quand de ce triple pont, qui le rassure à peine,
J'entends crier la herse et retomber la chaîne,
C'est moi qu'il fait asseoir au pied du lit royal
Où l'insomnie ardente irrite encor son mal;
Moi, que d'un faux aveu sa voix flatteuse abuse
S'il craint qu'en sommeillant un rêve ne l'accuse;
Moi, que dans ses fureurs il chasse avec dédain;
Moi, que dans ses tourmens il rappelle soudain;
Toujours moi, dont le nom s'échappe de sa bouche,
Lorsqu'un remords vengeur vient secouer sa couche.
Mais s'il charge mes jours du poids de ses ennuis,
Du cri de ses douleurs s'il fatigue mes nuits,
Quand ce spectre imposteur, maître de sa souffrance,
De la vie en mourant affecte l'apparence,
Je raille sans pitié ses efforts superflus
Pour jouer à mes yeux la force qu'il n'a plus.
Misérable par lui, je le fais misérable :
Je lui rends en terreur l'ennui dont il m'accable;
Et pour souffrir tous deux nous vivrons réunis,
L'un de l'autre tyrans, l'un par l'autre punis,

Toujours prêts à briser le nœud qui nous rassemble,
Et toujours condamnés au malheur d'être ensemble,
Jusqu'à ce que la mort qui rompra nos liens,
Lui reprenant mes jours dont il a fait les siens,
Se lève entre nous deux, nous désunisse, et vienne
S'emparer de sa vie et me rendre la mienne.

COMMINE.

On s'avance vers nous : veillez sur vos discours!

COITIER.

Craignez-vous votre fille ?

SCÈNE V.

LES PRÉCÉDENS, MARIE.

COMMINE.

Ah? viens, approche, accours,
Tu ne nous troubles point.

MARIE.

Je vous revois, mon père!
(A Coitier.)
Salut, maître; du roi que faut-il qu'on espère?

COITIER.

Son ame le soutient; sa sombre activité
Nous tourmente des maux dont il est tourmenté.

ACTE I, SCENE V.

MARIE.

Croyez-vous que sur eux votre savoir l'emporte?

COITIER.

Que peut notre savoir où la nature est morte?
Il s'agite, il se plaint, il accuse mon art,
Commine, vous.....

MARIE.

Lui-même a permis mon départ.

COMMINE.

Il n'a pu résister à ton ardente envie
De voir l'homme de Dieu dont il attend la vie;
Puis, il s'est plaint de toi.

COITIER.

Voilà les souverains.

COMMINE.

Ton enjoûment naïf amuse ses chagrins,
Et le corps souffre moins quand l'esprit est tranquille.
Il est seul dans la tour où sa terreur l'exile;
La dame de Beaujeu n'est plus auprès de lui.

COITIER.

Elle eût mieux supporté le poids de son ennui,
Si Louis d'Orléans, chevalier plus fidèle,
Eût voulu l'alléger en s'enchaînant près d'elle.

COMMINE.

Que dites-vous, Coitier?

COITIER.
Mais ce qu'on dit partout, Commine.

COMMINE.
Je l'ignore.

COITIER.
Ah ! vous ignorez tout.
(A Marie.)
Eh bien ! vous l'avez vu ce pieux solitaire !
François de Paule arrive ; et chaque monastère,
Chaque hameau voisin, qui le fête à son tour,
Fait résonner pour lui les clochers d'alentour.
A grand'peine arraché de sa retraite obscure,
Lui seul peut rétablir, du moins Rome l'assure,
La royale santé que nous, pauvres humains,
Nous voyons par lambeaux s'échapper de nos mains.
Qu'il fasse mieux que nous, ce médecin de l'ame;
C'est mon maître, et pour tel ma bouche le proclame,
S'il ranime un fantôme, et si de ce vieux corps
Son art miraculeux raffermit les ressorts.

MARIE.
Osez-vous en douter ? Le bruit de ses merveilles
Est-il comme un vain son perdu pour vos oreilles ?
Un vieillard, qu'à Fondi le saint avait touché,
Vit refleurir les chairs de son bras desséché.
Il rencontra dans Rome une femme insensée,

Et chassa le démon qui troublait sa pensée.
Il veut, et pour l'aveugle un nouveau jour a lui,
Le muet lui répond, l'infirme court vers lui;
Et s'il parle aux tombeaux, ils s'ouvrent pour nous
[rendre
Les morts qu'il ressuscite en soufflant sur leur cendre.
COITIER.
Je vous crois.
MARIE.
Et pourtant que de simplicité!
Le saint n'empruntait pas sa douce majesté
Au sceptre pastoral dont la magnificence
Des princes du conclave atteste la puissance,
A la mitre éclatante, aux ornemens pieux
Que le nonce de Rome étale à tous les yeux.
Point de robe à longs plis dont la pourpre chrétienne
Réclame le secours d'un bras qui la soutienne.
Pauvre, et pour crosse d'or un rameau dans les mains,
Pour robe un lin grossier traînant sur les chemins,
C'est lui, plus humble encor qu'au fond de sa retraite.
COITIER.
Et que disait tout bas cet humble anachorète,
En voyant la litière où le faste des cours
Prodiguait sa mollesse au vieux prélat de Tours,
Et ce cheval de prix, dont l'amble doux et sage

Pour monseigneur de Vienne abrégeait le voyage?

MARIE.

Tous les deux descendus marchaient à ses côtés;
Le dauphin le guidait vers ces murs redoutés.
Puis venaient en chantant les pasteurs des villages;
Les seigneurs suzerains, appuyés sur leurs pages,
Les rênes dans les mains, devançaient leurs coursiers.
J'ai vu les écussons de nos preux chevaliers,
J'ai vu les voiles blancs des jeunes châtelaines
Confondre les couleurs sur les monts, dans les plaines.
La Croix étincelait aux rayons d'un ciel pur;
Des bannières du roi l'or, les lis et l'azur,
Que paraient de nos bois les dépouilles fleuries,
Courbaient autour du saint leurs nobles armoiries.
Des enfans devant lui faisaient fumer l'encens;
Le peuple s'inclinait sous ses bras bénissans.
Ainsi des murs d'Amboise au pied de ces tourelles
Il traînait sur ses pas la foule des fidèles.
Long-temps j'ai contemplé cet imposant tableau...
Et quand le chemin tourne au penchant du coteau,
Reprenant avec Berthe un sentier qui l'abrége,
J'ai sur mon palefroi devancé le cortége.

COMMINE.

Viens donc, viens faire au roi ce récit qu'il attend.

ACTE I, SCENE V.

MARIE, *à Commine.*

Un mot, mon père!

COITIER.

Adieu ; j'y cours en vous quittant.

COMMINE.

C'est prendre trop de soin.

COITIER.

Le maître s'inquiète ;
Il est là, sur le seuil de la porte secrète,
Qui s'ouvre dans sa tour pour lui seul et pour moi,
Et depuis trop long-temps se souvient qu'il est roi.

COMMINE.

Il apprendra de vous ce qu'il eût su par elle.

COITIER.

J'entends... Si quelques dons récompensaient mon
Votre fille aurait part, Commine, à ses bontés.[zèle,

COMMINE.

Je ne réclamais rien.

COITIER.

Non, mais vous acceptez?

(Lui serrant la main.)
Adieu donc!

SCÈNE VI.

COMMINE, MARIE.

MARIE.

Que je hais sa raillerie amère !

COMMINE.

Il faut souffrir de lui ce que le roi tolère.
Dans sa soif de connaître il crut pénétrer tout :
Le doute, en l'irritant, l'a conduit au dégoût ;
Nous mesurons autrui sur ce peu que nous sommes,
Et le dégoût de soi mène au mépris des hommes.
Mais quel fut ton motif pour craindre un indiscret?
Nous voilà seuls, réponds et dis-moi ton secret.

MARIE.

Ma joie à vos regards d'avance le révèle ;
Devinez !...

COMMINE.

Quelle est donc cette heureuse nouvelle?

MARIE.

Heureuse pour vous-même !

COMMINE.

Et plus encor pour toi.

MARIE.

L'envoyé de Bourgogne attendu par le roi,

ACTE I, SCENE VI.

De son nombreux cortége il remplit le village ;
Ses armes, son héraut, son brillant équipage,
J'ai tout vu.

COMMINE.

Quel est-il ?

MARIE.

Le comte de Réthel.
Berthe, dont je le tiens, l'a su du damoisel
Qui portait la bannière, où, vassal de la France,
Sous la fleur de nos rois le lion d'or s'élance.

COMMINE.

Le comte de Réthel ! cette antique maison
N'avait plus d'héritier qui soutînt son grand nom ;
A Péronne du moins je n'en vis point paraître,
Et je suis étonné de ne le pas connaître.

MARIE.

Il a laissé, dit-on, sous les murs de Nanci
Le duc, ses chevaliers, son camp...

COMMINE.

Nemours aussi,
N'est-ce pas, chère enfant ?

MARIE.

Une lettre, j'espère,
Sur le sort d'un proscrit va rassurer mon père.

COMMINE.

Et quelques mots pour toi te diront que Nemours

Regrette son pays bien moins que ses amours.

MARIE.

Le croyez-vous ? qui sait ? dans l'absence on oublie.

COMMINE.

Oui, quand on est heureux; mais sa mélancolie
De te garder sa foi lui laissera l'honneur;
Il n'a qu'un souvenir pour rêver le bonheur,
C'est le tien.

MARIE.

J'aime plus que je ne suis aimée.
Sans guérir de son cœur la plaie envenimée,
Que de fois j'essayai, dans un doux entretien,
De lui rendre son père en lui parlant du mien!
Il souriait alors, mais avec amertume.
Contre un chagrin cuisant, dont l'ardeur le consume,
Dans ma pitié naïve il cherchait un appui,
Et m'aimait de l'amour que je montrais pour lui.
Toujours morne, il fuyait au fond des basiliques
La cour, ses vains plaisirs et ses jeux héroïques.
Vengeance! disait-il, dans la sombre ferveur
Qui fixait son regard sur la Croix du Sauveur.
Parlait-on de Louis, à ce nom qu'il abhorre,
Il rêvait la vengeance, et, plus terrible encore,
La main sur son poignard, il menaçait tout bas
Celui...

ACTE I, SCENE VI.

COMMINE.

Par tes discours tu le calmais?

MARIE.

Hélas!
Tremblante, je pleurais, et lui, trouvait des charmes
A me nommer sa sœur en essuyant mes larmes.

COMMINE.

Ah! qu'il laisse à la mort le soin de le venger!
Sous un règne nouveau son destin peut changer.

MARIE.

Oui, je n'en doute pas, pour peu que je l'en prie,
Monseigneur le dauphin...

COMMINE.

Ecoutez-moi, Marie :
Le dauphin, je le sais, ne se plaît qu'avec toi,
Il s'attache à tes pas; trop peut-être.

MARIE.

Pourquoi?
Un enfant!

COMMINE.

Cet enfant sera le roi de France.

MARIE.

Faut-il donc l'éviter, quand dans son ignorance,
La rougeur sur le front et les pleurs dans les yeux,
Il vient me demander les noms de ses aïeux?

COMMINE.

Les leçons d'une femme ont un danger qu'on aime;
Un si noble disciple est dangereux lui-même;
Ton amour te défend, mais crains ta vanité :
Sois plus prudente. Agnès, la dame de beauté,
En donnant à son roi des leçons de courage,
Crut n'aimer que la gloire, et quel fut son partage?
Un brillant déshonneur suivit ces jours heureux.
Quand ses mains enlaçaient des chiffres amoureux,
Que de pleurs sont tombés sur ces trames légères,
D'un fortuné lien images mensongères !
Un bras puissant contre elle arma la trahison ;
Agnès, l'aimable Agnès mourut par le poison.

MARIE.

O crime ! quel est donc celui qu'on en soupçonne?
Qui doit-on accuser ?

COMMINE.

Qui?... personne, personne.
Rentrons : viens consoler le captif du Plessis ;
Il sent moins ses douleurs quand tu les adoucis.

MARIE.

Entendez-vous ces chants dans la forêt voisine ?
Le cortége s'avance et descend la colline.

COMMINE.

Viens, rentrons.

SCÈNE VII.

FRANÇOIS DE PAULE, LE DAUPHIN, NEMOURS, RICHARD, MARCEL, MARTHE, DIDIER, CLERGÉ, CHATELAINES, CHEVALIERS, PEUPLE.

PAYSANS *qui chantent un cantique.*

Des affligés divin recours,
Notre-Dame de délivrance,
Louis réclame vos secours ;
Vierge, prêtez votre assistance
Aux lis de France !
Dieux, qui récompensez la foi,
Sauvez le roi !

FRANÇOIS DE PAULE, *à Nemours qui s'est approché de lui.*

Oui, mon fils, je veux vous écouter.
(Au dauphin.)
Prince, de ce devoir laissez-moi m'acquitter :
Mes soins, comme au monarque, appartiennent encore
Au plus humble de ceux dont la voix les implore.

LE DAUPHIN.

Faites selon vos vœux, mon père ; demeurez :
Nous devançons vos pas, et, quand vous nous joindrez,

Louis viendra lui-même, au seuil de cette enceinte,
Courber son front royal sous la majesté sainte.
   (Aux chevaliers.)
Suivez-moi.

SCÈNE VIII.

LES PRÉCÉDENS, *excepté* LE DAUPHIN *et sa suite.*

(Les paysans sont aux pieds de saint François de Paule.)

UNE PAYSANNE.

  De ma sœur appaisez les tourmens,
Mon père !

MARCEL.

  Laissez-moi toucher vos vêtemens.

DIDIER.

La santé !

MARTHE.

  De longs jours !

RICHARD.

    Entrez dans ma chaumière,
Homme de Dieu, mon fils reverra la lumière.

FRANÇOIS DE PAULE.

C'est Dieu seul, mes enfans, qu'on implore à genoux ;
Moi, je ne suis qu'un homme et mortel comme vous

Regardez, j'ai besoin qu'un appui me soulage :
Infirme comme vous, je cède au poids de l'âge;
Il a courbé mon corps et blanchi mes cheveux.
Voyant ce que je suis, jugez ce que je peux.
Homme, je compâtis à la souffrance humaine;
Vieillard, je plains les maux que la vieillesse amène.
Le remède contre eux est de savoir souffrir;
Je peux prier pour vous, Dieu seul peut vous guérir.
Ne vous aveuglez point par trop de confiance;
Consoler et bénir c'est toute ma science.

RICHARD, *à Marcel.*

Si j'étais comte ou duc, il eût guéri mon fils.

MARCEL.

Il l'eût ressuscité.

FRANÇOIS DE PAULE.

Laissez-moi, mes amis;
Plus tard j'irai mêler mes prières aux vôtres.

MARCEL, *à Richard.*

Il guérira le roi.

RICHARD.

Dès demain.

MARCEL.

Mais nous autres,
Valons-nous un miracle?

(Les paysans s'éloignent.)

SCÈNE IX.

FRANÇOIS DE PAULE, NEMOURS.

FRANÇOIS DE PAULE.
Approchez.
NEMOURS.
Dans ce lieu
Nul ne peut m'écouter?
FRANÇOIS DE PAULE.
Hors moi, mon fils, et Dieu.
NEMOURS.
Le Dieu qui nous exauce est avec vous, mon père.
FRANÇOIS DE PAULE.
Comme avec tous les cœurs dont le zèle est sincère.
NEMOURS.
Eh bien! priez pour moi.
FRANÇOIS DE PAULE.
Je le dois.
NEMOURS.
Aujourd'hui
Que je repose en paix si Dieu m'appelle à lui!
FRANÇOIS DE PAULE.
Qui, vous, mon fils?

NEMOURS.

Priez!

FRANÇOIS DE PAULE.

Pour vos jours?

NEMOURS.

Pour mon ame.

FRANÇOIS DE PAULE.

J'ai tant vécu, la tombe avant vous me réclame.

NEMOURS.

Peut-être.

FRANÇOIS DE PAULE.

D'un combat redoutez-vous le sort?

NEMOURS.

Chaque pas dans la vie est un pas vers la mort.

FRANÇOIS DE PAULE.

Jeune, on la croit si loin!

NEMOURS.

Elle frappe à tout âge.

FRANÇOIS DE PAULE.

Mais au vôtre, on espère.

NEMOURS.

On ose davantage,
On doit plus craindre aussi.

FRANÇOIS DE PAULE.

Que voulez-vous tenter?

NEMOURS.

Ce que par le martyre il faut exécuter.

FRANÇOIS DE PAULE.

Un vieillard peut donner un avis salutaire :
Parlez.

NEMOURS.

Je ne le puis.

FRANÇOIS DE PAULE.

Qui vous force à vous taire?

NEMOURS.

Celui qui m'envoya m'en impose la loi.

FRANÇOIS DE PAULE.

Qui donc?

NEMOURS.

C'est un secret entre son ombre et moi.

FRANÇOIS DE PAULE.

Vous allez accomplir quelques projets funestes.

NEMOURS.

J'obéis.

FRANÇOIS DE PAULE.

A quel ordre?

NEMOURS.

Aux vengeances célestes.
Quand le sang crie...

FRANÇOIS DE PAULE.
Eh bien ?
NEMOURS.
Ne veut-il pas du sang?
FRANÇOIS DE PAULE.
Laissez Dieu le verser : n'est-il pas tout-puissant ?
NEMOURS.
D'un forfait impuni peut-il rester complice ?
S'il attendait toujours, où serait sa justice ?
FRANÇOIS DE PAULE.
Pour attendre et punir il a l'éternité,
S'il n'était patient, où serait sa bonté ?
NEMOURS.
Un prêtre confident d'un prince de la terre,
Dans le lieu d'où je viens a connu ce mystère.
FRANÇOIS DE PAULE.
Un prêtre !
NEMOURS.
Et quand l'hostie a passé dans mon sein,
Lui-même a dit tout bas : Accomplis ton dessein.
FRANÇOIS DE PAULE.
Il est donc juste ?
NEMOURS.
Oui, juste, et le ciel l'autorise ;
Consacrez par vos vœux ma pieuse entreprise.
(Il s'agenouille.)

FRANÇOIS DE PAULE.

L'éternel, ô mon fils! te voit à mes genoux;
Que son esprit t'éclaire et descende entre nous!

NEMOURS.

Maudissez l'assassin pour qu'il me l'abandonne.

FRANÇOIS DE PAULE.

Serviteur de celui qui meurt et qui pardonne,
Je ne sais pas maudire.

NEMOURS.

Alors bénissez-moi.

FRANÇOIS DE PAULE.

J'y consens, sois béni; mais que puis-je pour toi?
Si ton cœur veut le mal, à ton heure dernière
De quoi te serviront mes vœux et ma prière?
Et si tu fais le bien, tes œuvres parleront :
Mieux que moi, dans les cieux, elles te béniront.
Adieu!

NEMOURS, *se relevant*.

Qu'il soit ainsi; je m'y soumets d'avance.

FRANÇOIS DE PAULE.

Vour reverrai-je encor?

NEMOURS.

C'est ma seule espérance.

FRANÇOIS DE PAULE.

Dans ce lieu même?

NEMOURS.

Ailleurs.

FRANÇOIS DE PAULE.

Près du roi?

NEMOURS.

Devant Dieu.

FRANÇOIS DE PAULE.

Mais j'irai vous attendre.

NEMOURS.

Ou me rejoindre. Adieu.

FIN DU PREMIER ACTE.

ACTE DEUXIÈME.

[La salle du trône au Plessis-les-Tours.]

SCÈNE I.

MARIE, *seule*.

(Elle est près d'une table, et arrange des fleurs qu'elle prend dans une corbeille.)

D'abord les buis sacrés, puis les feuilles de chêne;
Là, ces roses des champs; bien : qu'un nœud les en-
Plaçons entre des lis et des épis nouveaux   [chaîne.
Ce lierre qui plus sombre... il croît sur les tombeaux
Un malade y verrait quelque funèbre image :
Non; près du lis royal, la fleur d'heureux présage,
Celle qui ne meurt pas !...

SCÈNE II.

MARIE, LE DAUPHIN.

LE DAUPHIN, *tout bas, après s'être approché doucement.*
                    Comme on flatte les rois !
        MARIE, *se retournant.*
Monseigneur m'écoutait !
            LE DAUPHIN.
                    Enfin je vous revois !
        MARIE, *qui veut se retirer.*
Pardon !...
            LE DAUPHIN.
Vous me quittez ?
            MARIE.
                    Un soin pieux m'appelle ;
Notre-Dame-des-Bois m'attend dans sa chapelle.
Je lui porte une offrande ; on la fête aujourd'hui,
Et le roi va lui-même implorer son appui.
            LE DAUPHIN.
Voyez comme en ses vœux son ame est incertaine !
Il devait ce matin fatiguer, dans la plaine,
Ces levriers nouveaux qu'il nourrit de sa main ;
Il voudra se distraire en essayant demain

Cet alezan doré que l'Angleterre envoie,
Ce faucon sans rival quand il fond sur sa proie,
Ou récréer ses yeux d'une chasse aux flambeaux
Contre l'oiseau des nuits caché sous ces créneaux.
Pour tromper ses dégoûts, hélas! peine inutile!
Je le plains : le bonheur me paraît si facile.
Il est partout pour moi : dans mes rêves, la nuit,
Dans le son qui m'éveille et le jour qui me luit,
Dans l'aspect de ces champs, dans l'air que je res-
[pire,
Marie, et dans vos yeux, quand je vous vois sourire.

MARIE.

Tout plaît à dix-sept ans, monseigneur, et plus tard
L'avenir, qui vous charme, épouvante un vieillard.
Mais un beau jour, des fleurs, les danses du village,
Vont égayer pour lui ce saint pèlerinage.
Il faut que je me hâte.

LE DAUPHIN.

        Achevons à nous deux.

MARIE.

Seule, j'irai plus vite.

LE DAUPHIN.

        Arrêtez, je le veux.

MARIE, *en souriant.*

Le roi dit : nous voulons.

LE DAUPHIN.

Eh bien ! je vous en prie,
Restez.

MARIE.

Pour un moment.

LE DAUPHIN.

J'ai du chagrin, Marie.

MARIE.

Vous ! se peut-il ?

LE DAUPHIN.

Sans doute, j'ai droit d'en avoir :
Mon amour pour mon père est sur lui sans pouvoir.
Lorsqu'à son grand lever j'attends avec tristesse
Une douce parole, un regard de tendresse,
Vers moi, pour me parler, fait-il jamais un pas ?
Me voit-il seulement ? il ne m'aime donc pas.

MARIE.

Quel penser !

LE DAUPHIN.

Je le crains; pourquoi, depuis l'enfance,
Me laisser, loin de lui, languir dans l'ignorance ?
Ce noir château d'Amboise, où j'étais confiné,
M'a vu grandir, Marie, aux jeux abandonné,
Sans qu'on m'ait rien appris, sans que jamais l'histoire
Fît palpiter mon cœur à des récits de gloire.

Que sais-je? à peine lire, et chacun en sourit.
Mais comment à l'étude appliquer mon esprit?
Je n'avais sous les yeux que le Rosier des guerres.

MARIE.

Le roi l'a fait pour vous.

LE DAUPHIN.

Des maximes sévères,
De beaux préceptes, oui; mais...

MARIE.

Quoi?

LE DAUPHIN.

C'est ennuyeux.

MARIE, *effrayée.*

Un ouvrage du roi !

LE DAUPHIN.

Près de lui, dans ces lieux,
Je ne suis pas plus libre ; et dès que je m'éveille,
D'un regard inquiet je vois qu'on me surveille.
Me craint-on? qu'ai-je fait? pourquoi me confier
Aux soins avilissans de ce maître Olivier?

MARIE.

Depuis qu'il est ministre, on l'appelle messire.

LE DAUPHIN.

Il me laisse ignorer ce qu'il devrait me dire :
Mon oncle d'Orléans ne lui ressemble pas.

ACTE II, SCENE II.

MARIE.

C'est un nom qu'à la cour on prononce tout bas.

LE DAUPHIN.

Des leçons de tous deux voyez la différence :
Olivier dit toujours que le roi c'est la France ;
Et lui : Mon beau neveu, me disait-il ici,
La France c'est le roi, mais c'est le peuple aussi.
Je crois qu'il a raison.

MARIE.

C'est mon avis.

LE DAUPHIN.

Je l'aime,
Mais moins que vous, amie !

MARIE.

Il vous chérit lui-même.

LE DAUPHIN.

Le jour de son départ il m'a fait un présent ;
(Il tire un livre de son sein.)
Regardez.

MARIE.

Juste ciel ! c'est un livre...

LE DAUPHIN.

Amusant ;
Qui parle de combats, de faits d'armes.

MARIE.

Je tremble.
Si le roi le savait !

LE DAUPHIN.

Voulez-vous lire ensemble?

MARIE.

Non, non.

LE DAUPHIN.

Pourquoi?

MARIE.

J'ai peur.

LE DAUPHIN.

Nous sommes sans témoins.

MARIE, *s'en allant.*

Non.

LE DAUPHIN.

Je lirai donc seul?

MARIE, *revenant et regardant par-dessus l'épaule du dauphin.*

Voyons le titre au moins.

LE DAUPHIN.

Curieuse!

MARIE.

Lisez.

LE DAUPHIN.

Il faudra me reprendre si je dis mal.

MARIE.

D'accord.

ACTE II, SCENE II.

LE DAUPHIN.

Ah ! qu'il est doux d'apprendre !
Je le sens près de vous.

MARIE, *allant s'asseoir près de la table.*

Commençons.

LE DAUPHIN, *posant le livre sur les genoux de Marie.*

M'y voici.

MARIE.

Levez-vous, monseigneur.

LE DAUPHIN.

Je suis bien.

MARIE, *le relevant.*

Mieux ainsi.

LE DAUPHIN, *lisant tandis que Marie tient le doigt sur la page.*

« La Chronique de France écrite en l'an de grâce...

MARIE.

En l'an de grâce... eh bien ?

LE DAUPHIN.

Des chiffres, je les passe.

MARIE, *en riant.*

Et pour cause.

LE DAUPHIN.

Méchante !

(Il lit.)

« Ou récit des tournois,
» Prouesses et hauts faits des comtes de Dunois,
» Lahire... »

MARIE.

Après ?

LE DAUPHIN.

« Lahire, et.... »

MARIE.

Courage !

LE DAUPHIN.

« Et...

MARIE.

« Xaintrailles. »

LE DAUPHIN.

C'est un nom difficile.

MARIE.

Un beau nom.

LE DAUPHIN, *lisant*.

« Des batailles,
» Où l'on vit comme quoi la fille d'un berger
» Sauva ledit royaume et chassa l'étranger. »

MARIE.

Sous votre aïeul.

LE DAUPHIN.

C'est Jeanne !

ACTE II, SCENE II.

MARIE.

On vous a parlé d'elle ?

LE DAUPHIN.

Et puis d'une autre encor.

MARIE.

Qui donc ?

LE DAUPHIN.

Elle était belle,
Oh ! belle... comme vous.

MARIE.

Reprenons.

LE DAUPHIN.

Du feu roi
Qui l'aimait d'amour tendre, elle reçut la foi.

MARIE.

Qui vous a dit cela ?

LE DAUPHIN.

Tout le monde et personne :
On raconte, j'écoute ; et sans qu'on le soupçonne,
Je répète à part moi chaque mot que j'entend ;
Mais dès qu'on parle d'elle, inquiet, palpitant,
Un trouble qui m'étonne à ce doux nom m'agite :
Je sens mon front rougir et mon cœur bat plus vite.
Je sais que pour lui plaire il défit les Anglais,
Qu'il lui donna des fiefs, des joyaux, des palais :

Car un roi peut donner tout ce que bon lui semble,
Tout, son cœur, sa couronne et son royaume en-
[semble.
Moi, pauvre enfant de France, à qui rien n'est permis,
Sans pouvoir dans le monde et presque sans amis,
Qui ne possède rien, ni joyaux, ni couronne,
Je n'ai que cette bague, eh bien ! je vous la donne.

MARIE.

Que faites-vous ?

LE DAUPHIN.

Prenez.

MARIE.

Monseigneur !

LE DAUPHIN.

La voilà.
Elle a peu de valeur : n'importe, acceptez-la,
Et si je règne un jour...

MARIE, *avec effroi.*

Paix !

LE DAUPHIN.

Montrez-moi ce gage,
Ma parole royale, ici, je vous l'engage ;
Ma foi de chevalier, je vous l'engage encor,
Qu'il n'est titre si noble ou si riche trésor,
Ni faveur, ni merci, ni grâce en ma puissance,

ACTE II, SCENE II.

Qui vous soient refusés par ma reconnaissance.

MARIE.

Votre altesse le jure : en lui rendant ce don,
Même d'un exilé j'obtiendrai le pardon ?

LE DAUPHIN, *vivement.*

Quel est-il ?

MARIE.

Un Français qui pleure sa patrie.

LE DAUPHIN.

Vous l'aimez ?

MARIE.

Pourquoi non ?

LE DAUPHIN.

Vous l'aimez, vous, Marie !
Rendez-moi cet anneau.

MARIE.

J'obéis, monseigneur.

LE DAUPHIN.

Non : trahir un serment, c'est forfaire à l'honneur.
Le mal que je ressens, je ne puis le comprendre ;
Mais ce qu'on a donné ne saurait se reprendre.
Gardez : de mon bonheur advienne que pourra ;
Le dauphin a promis, le roi s'en souviendra.

MARIE.

On vient.

SCÈNE III.

LES PRÉCÉDENS, COMMINE.

COMMINE.

Sa majesté fait chercher votre altesse.

LE DAUPHIN.

Elle a parlé de moi ! comment ? avec tendresse ?
Dites, mon bon Commine, est-ce un juge en courroux,
Un père qui m'attend ?

COMMINE.

Prince, rassurez-vous.
Précédé des hérauts de Bourgogne et de Flandre,
L'envoyé du duc Charles au Plessis doit se rendre :
Jaloux de l'honorer, le roi veut aujourd'hui
Qu'il soit par votre altesse amené devant lui.

LE DAUPHIN.

Surpris, j'ai malgré moi tremblé comme un coupable.
Grand Dieu ! que pour son fils un père est redoutable !
Quand j'aborde le mien, immobile, sans voix,
Je me soutiens à peine, et lorsque je le vois
Fixer sur mon visage, en serrant la paupière,
Ses yeux demi-fermés, d'où jaillit la lumière,
Pour dompter mon effroi tout mon amour est vain :

Je l'aime et je frissonne en lui baisant la main.
COMMINE.

Cher prince !
LE DAUPHIN.

   Mais je cours...
(Revenant prendre son livre sur la table.)

      O ciel ! quelle imprudence !
COMMINE.

Qu'avez-vous donc ?
LE DAUPHIN.

     Marie est dans ma confidence :
(A Marie.)

J'ai mon ministre aussi. Vous ne direz rien ?
MARIE.

          Non.

LE DAUPHIN, *en sortant*.

C'est un secret d'état, messire d'Argenton. Adieu !

SCÈNE IV.

COMMINE, MARIE.

COMMINE.

Laissez-moi seul.
MARIE.

     Pourquoi ce front sévère ?

COMMINE.

Vous oubliez trop tôt ce que dit votre père.
Souvenez-vous du moins que Louis veut plus tard
Vous revoir au Plessis avant votre départ.

MARIE, *d'un air caressant.*

Pas un mot d'amitié, quoi! pas même un sourire?
Plus de courroux!... pardon!

COMMINE, *lui donnant un baiser.*

J'ai tort.

MARIE.

Je me retire;
Et quant à monseigneur, je saurai l'éviter :
Oui, je vous le promets, dussé-je l'irriter.

COMMINE, *vivement.*

L'irriter, non pas, non; tout pousser à l'extrême,
C'est nuire à vous, ma fille, et peut-être... à moi-mê-
Quand le présent finit, ménageons l'avenir : [me;
Du roi qu'on a vu prince on peut tout obtenir.
Oubli! c'est le grand mot d'un règne qui commence,
Et pour un exilé j'ai besoin de clémence.
Pensez-y quelquefois.

MARIE.

Ah! j'y pense toujours,
Et je porte à mon doigt la grâce de Nemours.

SCÈNE V.

COMMINE.

Le comte de Réthel devant moi va paraître :
Achetons son secours ; j'en ai l'ordre : mon maître
A, d'un seul trait de plume au bas d'un parchemin,
Conquis plus de duchés que le glaive à la main.
Aussi, bien convaincu du néant de la gloire,
Il sait qu'un bon traité vaut mieux qu'une victoire.
L'or est un grand ministre : il agira pour nous.

UN OFFICIER DU CHATEAU.

Le comte de Réthel !

SCÈNE VI.

COMMINE, NEMOURS

COMMINE.

Dieu ! qu'ai-je vu ? c'est vous,
Vous, Nemours !

NEMOURS.

Voilà donc le tombeau qu'il habite !
C'est ici !

COMMINE.
Cachez mieux l'horreur qui vous agite :
Ici l'écho dénonce et les murs ont des yeux.
NEMOURS.
Digne séjour d'un roi ! J'ai vu près de ces lieux
Des œuvres de Tristan la trace encor sanglante :
L'eau du Cher, où flottait sa justice effrayante ;
Ces piéges, qui des tours défendent les abords ;
Ces rameaux qui pliaient sous les restes des morts.
COMMINE.
Et vous avez franchi le seuil de cet asile !
NEMOURS.
Je l'ai fait.
COMMINE.
Malheureux !
NEMOURS.
Qui, moi ? je suis tranquille :
Hormis vous et Coitier nul ne sait mon secret.
Commine, de vous deux quel sera l'indiscret ?
COMMINE.
Aucun.
NEMOURS.
Comment le roi peut-il donc reconnaître
Celui qu'en sa présence il n'a fait comparaître
Qu'une fois, que le jour où, conduits par la main,

Mes deux frères et moi... Des enfans!... l'inhumain!...
Sous leur père expirant !...

COMMINE.

Calmez-vous.

NEMOURS.

Je frissonne.
Vous lui pardonnerez, grand Dieu ! comme il par-
COMMINE. [donne.
Pourquoi chercher celui qui vous fut si fatal?

NEMOURS.

Pour lui parler en maître au nom de son vassal.

COMMINE.

Tout autre eût pu le faire.

NEMOURS.

Il eût séduit tout autre.

COMMINE.

Il est mon souverain, Nemours ; il fut le vôtre.

NEMOURS. [fait ?
Oui ; quand j'ai tant pleuré. Mon Dieu ! qu'aurai-je
Au deuil d'un faible enfant des pleurs ont satisfait :
Je suis consolé.

COMMINE.

Vous !

NEMOURS.

Je vais le voir en face;
Je vais le voir mourant.

COMMINE.

Mais ferme.

NEMOURS.

La menace
Pour en troubler la paix dans son cœur descendra:
Je le connais.

COMMINE.

Tremblez!

NEMOURS.

C'est lui qui tremblera.

COMMINE.

Peut-être.

NEMOURS, *avec emportement.*

Il tremblera. N'eût-il que ce supplice,
Je veux que devant moi son front royal pâlisse.

(Avec douleur.)

Il m'a vu pâlir, lui!

COMMINE.

De braver votre roi,
Charle, en vous choisissant, vous a-t-il fait la loi?

NEMOURS.

Charle, en me choisissant, a cru venir lui-même;

C'est lui qui vient dicter sa volonté suprême ;
C'est lui, mais survivant à toute sa maison ;
C'est lui, mais sans parens, sans patrie et sans nom ;
C'est lui, mais orphelin par le meurtre !

COMMINE.

De grâce,
Ecoutez la raison qui vous parle à voix basse.
Tout l'or d'un ennemi en vous eût point tenté :
J'approuve vos refus ; mais, par vous accepté,
Le don d'un vieil ami, d'un sauveur et d'un père,
Ne peut-il désarmer votre juste colère ?
Marie...

NEMOURS.

Ah ! ce doux nom fait tressaillir mon cœur.
Elle ! mon dernier bien, ma compagne, ma sœur !
Pour embellir mes jours le ciel l'avait formée.
Mais c'est un rêve ; heureux, que je l'aurais aimée !

COMMINE.

Heureux ! vous pouvez l'être : après tant de combats,
D'un effroi mutuel affranchir deux états,
Rapprocher deux rivaux divisés par la haine,
Qu'un intérêt commun l'un vers l'autre ramène,
Non, ce n'est point trahir le plus saint des sermens ;
C'est immoler à Dieu vos longs ressentimens ;
C'est remplir un devoir. Cette union chérie,

Qui vous rend à la fois, biens, dignités, patrie,
Avec votre devoir peut se concilier.
Cédez : le roi pardonne, et va tout oublier.

NEMOURS.

Oublier! lui! qu'entends-je? Oublier! quoi! son cri,
Ce supplice inconnu, l'échafaud, la victime? [me,
Quoi! trois fils à genoux sous l'instrument mortel,
Vêtus de blanc tous trois comme au pied de l'autel?
On nous avait parés pour cette horrible fête.
Soudain le bruit des pas retentit sur ma tête :
Tous mes membres alors se prirent à trembler;
Je l'entendis passer, s'arrêter, puis parler.
Il murmura tout bas ses oraisons dernières ;
Puis, prononçant mon nom et ceux de mes deux frè-
Pauvres enfans! dit-il, après qu'il eût prié; [res;
Puis... plus rien. O moment d'éternelle pitié!
Tendant vers lui mes mains, pour l'embrasser sans
[doute,
Je crus sentir des pleurs y tomber goutte à goutte;
Les siens... Non, non : ses yeux, éteints dans les dou-
[leurs,
Ses yeux n'en versaient plus, ce n'était pas des
[pleurs.

COMMINE.

Nemours!

ACTE II, SCENE VI.

NEMOURS.

C'était du sang, du sang, celui d'un père.
Oublier ! il le peut, ce roi dont la colère
A pu voir sur mon front jusqu'au dernier moment
Le sang dont je suis né s'épuiser lentement :
Moi ! jamais. C'est folie, ou Dieu le veut, Commine :
Mais soit folie enfin, soit volonté divine,
Je touche de mes mains, je vois ce qui n'est pas ;
Rien ne se meut dans l'ombre, et moi, j'entends ses
Je me soulève encor vers sa mourante image ; [pas.
Une rosée affreuse inonde mon visage.
Le jour m'éclaire en vain : sur ce vêtement blanc,
Sur mon sein, sur mes bras, du sang ! partout du sang !
Dieu le veut, Dieu le veut : non, ce n'est pas folie ;
Dieu ne peut oublier, et défend que j'oublie ;
Dieu me dit qu'à venger mon père assassiné
Ce baptême de sang m'avait prédestiné.
Ah ! mon père ! mon père !

COMMINE.

On vient : de la prudence !
Le dauphin vous attend ; fuyez.

NEMOURS, *se remettant par degrés.*

En leur présence
Vous verrez qu'au besoin je suis maître de moi.

COMMINE, *tandis que Nemours sort par une porte latérale.*

Si je parle, il est mort; si je me tais...

UN OFFICIER DU CHATEAU, *annonçant.*

Le roi!

SCÈNE VII.

LOUIS, COMMINE, COITIER, OLIVIER-LE-DAIM, LE COMTE DE DREUX, BOURGEOIS, CHEVALIERS.

LOUIS, *au comte de Dreux.*

Ne vous y jouez pas, comte; par la croix sainte!
Qu'il me revienne encor un murmure, une plainte,
Je mets la main sur vous, et, mon doute éclairci,
Je vous envoie à Dieu pour obtenir merci.
Le salut de votre ame est le point nécessaire :
Dieu la prenne en pitié! le corps, c'est mon affaire,
J'y pourvoirai.

LE COMTE DE DREUX.

Du moins je demande humblement
Que votre majesté m'écoute un seul moment.

LOUIS.

Ah! mon peuple est à vous! et roi sans diadème

ACTE II, SCENE VII.

Vous exigez de lui plus que le roi lui-même!
Mais mon peuple, c'est moi ; mais le dernier d'entre eux,
C'est moi ; mais je suis tout ; mais quand j'ai dit : Je veux,
On ne peut rien vouloir passé ce que j'ordonne,
Et qui touche à mon peuple attente à ma personne.
Vous l'avez fait.

LE COMTE DE DREUX.

Croyez...

LOUIS.

Ne me dites pas non.
Enrichi des impôts qu'on perçoit en mon nom,
Pour cinq cents écus d'or vous en levez deux mille
Sur d'honnêtes bourgeois, et de ma bonne ville,

(En les montrant.)

Gens que j'estime fort, pensant bien, payant bien.
Regardez ce feu roi que vous comptez pour rien ;
Est-il mort ou vivant ? Regardez-moi donc !

LE COMTE DE DREUX, *en tremblant.*

Sire...

LOUIS.

Je ne suis pas si mal qu'on se plaît à le dire :
Quelque feu brille encor dans mon œil en courroux ;
Je vis, et le malade est moins pâle que vous.
Quoique vieux, je suis homme à lasser votre attente,
Beau sire ; et, moi régnant, le bon plaisir vous tente.

Qui s'en passe l'envie affronte un tel danger
Que le cœur doit faillir seulement d'y songer.
A moi de droit divin, à moi par héritage,
Il n'appartient qu'à moi de fait et sans partage.
Pour y porter la main c'est un mets trop royal :
A de plus grands que vous il fut jadis fatal.
J'ai réduit au devoir les vassaux indociles ;
Olivier, tu m'as vu dans ces temps difficiles ?

OLIVIER.

Oui, sire, et tel encor je vous vois aujourd'hui.

LOUIS.

Plus nombreux, ils levaient le front plus haut que lui.
La moisson fut sanglante et de noble origine ;
Mais j'ai fauché l'épi si près de la racine,
Chaque fois qu'un d'entre eux contre moi s'est dressé,
Qu'on cherche en vain la place où la faux a passé.
Elle abattit Nemours : trop rigoureux peut-être,
Je le fus pour l'exemple et je puis encor l'être.

(Au comte.)

Avez-vous des enfans ?

LE COMTE DE DREUX, *bas à Coitier.*

De grâce...

COITIER.

Eh ! chassez-nous,

ACTE II, SCENE VII.

Chassez-moi le premier, sire, ou ménagez-vous ;
La colère fait mal.

LOUIS.

Il est vrai, je m'emporte ;
Je le peux ; je suis bien, très-bien ; j'ai la voix forte.
L'aspect de ce saint homme a ranimé mon sang.

COITIER.

N'ayez donc foi qu'en lui ; mais cet œil menaçant,
Et de tous ces éclats l'inutile bravade
Ne vont pas mieux, je pense, au chrétien qu'au malade.

LOUIS.

Coitier !

COITIER.

N'espérez pas m'imposer par ce ton ;
Vous avez tort.

LOUIS, *avec plus de violence.*

Coitier !

COITIER.

Oui, tort, et j'ai raison ;
Tenez, le mal est fait ; vous changez de visage.

LOUIS.

Comment, tu crois ?

COITIER.

Sans doute.

LOUIS, *avec douceur.*

Eh bien ! je me ménage.

LOUIS XI.

COITIER.

Non pas : souffrez, mourez, si c'est votre désir.

LOUIS.

Allons!...

COITIER.

Dites : Je veux ; tranchez du bon plaisir.

LOUIS.

La paix !

COITIER.

Vous êtes roi : pourquoi donc vous contraindre?
Mais après, jour de Dieu ! ne venez pas vous plaindre.

LOUIS, *à Coitier, en lui prenant la main.*

La paix !

(Au comte, froidement.)

Pour vous, rendez ce que vous avez pris :
Rachetez sous trois jours votre tête à ce prix ;
Autrement, convaincu que vous n'y tenez guère,
Je la ferai tomber, et cela sans colère.

(A Coitier.)

La colère fait mal.

LE COMTE DE DREUX.

Je me soumets.

LOUIS, *aux bourgeois.*

Eh bien !
De mon peuple opprimé suis-je un ferme soutien?

Sur ce qu'on vous rendra récompensez le zèle
De messire Olivier, mon serviteur fidèle :
Cinq cents écus pour lui qui m'a tout dénoncé !

OLIVIER, *avec humilité.*

Sire !

LOUIS.

N'en veux-tu pas ?

OLIVIER.

Votre arrêt prononcé,
Que justice ait son cours.

LOUIS, *à Coitier.*

Et si ton roi t'en presse,
N'accepteras-tu rien, toi qui grondes sans cesse ?

COITIER, *avec un reste d'humeur.*

Je n'en ai guère envie, à moins d'être assuré
Que mon malade enfin se gouverne à mon gré.

LOUIS, *à Coitier.*

D'accord.

(Aux bourgeois.)

Deux mille écus ne sont pas une affaire,
Et c'est pour des sujets une bonne œuvre à faire.
Vous les lui compterez, n'est-ce pas, mes enfans ?
Il veille jour et nuit sur moi, qui vous défends, [me.
Qui vous rends votre bien, qui vous venge et vous ai-
Quelque vingt ans encor je compte agir de même.

Je me sens rajeunir, qu'on le sache à Paris;
En portant ma santé, dites que je guéris,
Et que vers les Rameaux, vienne un jour favorable,
Chez un de mes bourgeois j'irai m'asseoir à table.
Le ciel vous soit en aide!
(Au comte qui se retire avec eux.)
Un mot!
(A Coitier.)
Je n'en dis qu'un.
(Au comte.)
Pareil jeu coûta cher au seigneur de Melun.
Il était comte aussi; partant, prenez-y garde;
Votre salaire est prêt, et Tristan vous regarde.
Même orgueil, même sort. J'ai dit, retirez-vous.
(Aux chevaliers et aux courtisans.)
Ce que j'ai dit pour un, je le ferais pour tous.

SCÈNE VIII.

LOUIS, COMMINE, COITIER, OLIVIER-LE-DAIM,
CHEVALIERS, COURTISANS.

OLIVIER.

Sire, les envoyés des cantons Helvétiques...

LOUIS.

Qu'ils partent!

OLIVIER.

Sans vous voir ?

LOUIS.

Je hais les républiques.

COMMINE.

Leurs droits sont reconnus par votre majesté,
Et libres...

LOUIS.

Je le sais : liberté ! liberté !
Vieux mot qui sonne mal, que je suis las d'entendre.
Il veut dire révolte à qui sait le comprendre.
Libres ! des paysans, des chasseurs de chamois !
Leur pays ne vaut pas mes revenus d'un mois.

COMMINE.

Ils n'en savent pas moins le défendre avec gloire,
Et le duc de Bourgogne...

LOUIS.

On devait, à les croire,
Pour ménager leur temps, m'éveiller ce matin.
Montagnards sans respect ! et sur leur front hautain,
Brûlé des vents du nord, dans leurs glaciers stériles,
Une santé !...

OLIVIER.

Mon Dieu ! sire, les plus débiles

Sont celles qui souvent tiennent le plus long-temps :
Sans m'en porter moins bien, je meurs depuis vingt [ans.

LOUIS.

Pauvre Olivier ! mais va, reçois-les ; fais en sorte
Que ces pâtres armés n'assiégent plus ma porte.
Libres ! soit ; mais ailleurs. Qu'ils partent, je le veux.
Contre mon beau cousin prendre parti pour eux !
Moi ! j'en suis incapable, et je prétends le dire
Au comte de Réthel, pour peu qu'il le désire.
(Bas à Olivier.)
Traite avec eux.

OLIVIER, *de même.*

Comment?

LOUIS.

A ton gré ; mais sois prompt.
Donne ce qu'il faudra, promets ce qu'ils voudront.

OLIVIER.

Il suffit.

LOUIS, *haut.*

Des égards, et fais-leur bon visage ;
Qu'un splendide banquet les dispose au voyage.
Mes Ecossais et toi, chargez-vous de ce soin.
(A voix basse.)
Avec nos vins de France on peut les mener loin ;
Des Suisses, c'est tout dire.
(A Coitier.)
Où vas-tu ?

COITIER.
De la fête
Je veux prendre ma part.

LOUIS.
Va donc leur tenir tête ;
Mais de par tous les saints, Coitier, veille sur toi.

COITIER.
Répondez-moi de vous, je vous réponds de moi.

LOUIS, *pendant que Coitier s'éloigne.*
Indulgens pour leurs goûts, sans pitié pour les nôtres,
Voilà les médecins.

COITIER, *revenant.*
Oui, sire, eux et bien d'autres,
Dont votre majesté cependant fait grand cas,
Qui prêchent l'abstinence et ne l'observent pas.

LOUIS.
Va, railleur !

SCÈNE IX.

LES PRÉCÉDENS, *excepté* COITIER *et* OLIVIER-LE-DAIM.

MARIE *entre vers le milieu de cette scène.*

LOUIS, *s'approchant de Commine.*
Eh bien donc, ce comte ?

COMMINE.

       Incorruptible.

LOUIS.

Erreur !

COMMINE.

 J'affirme...

LOUIS.

   Eh non !

COMMINE.

    Sire...

LOUIS.

      C'est impossible.

COMMINE.

Il repoussait vos dons.

LOUIS.

     Refus intéréssés !

COMMINE.

Pour qu'il les acceptât, que faire ?

LOUIS.

       Offrir assez.
Je traiterai moi-même et serai plus habile.
Qu'il vienne.

COMMINE.

  Croyez-moi, le voir est inutile.
Ne le recevez pas, sire.

LOUIS.

J'aurais grand tort :
Vrai Dieu ! mon bon parent me croirait déjà mort.
Allez chercher le comte.

SCÈNE X.

LES PRÉCÉDENS, *excepté* COMMINE.

LOUIS.
Ah ! te voilà, Marie !
As-tu fait dans les champs une moisson fleurie ?

MARIE.
J'en puis prendre à témoin les buissons d'alentour ;
S'il y reste une fleur !...

LOUIS.
J'attendais ton retour ;
Parle-moi du saint homme : a-t-il en ta présence
De quelque moribond ranimé l'existence ?
Quel miracle as-tu vu ?

MARIE.
Pas un, sire.

LOUIS.
On m'a dit
Qu'il voulait pour moi seul réserver son crédit.

En fait de guérisons, qu'il n'en demande qu'une,
La mienne; Dieu ni roi ne veut qu'on l'importune.
Mais va, ma belle enfant, offrir un nouveau don
A la Vierge des bois dont tu portes le nom;
Je te joindrai bientôt dans son humble chapelle.

MARIE.

Je pars, sire.

LOUIS, *lui donnant une chaîne d'or.*

Ah! tiens, prends; c'est mon présent.

MARIE.

Pour elle?

LOUIS.

Pour toi.

MARIE.

Grand merci!

(Elle fait quelques pas pour sortir. Nemours entre avec le Dauphin, Commine, Toison-d'Or et sa suite.)

MARIE, *reconnaissant Nemours.*

Ciel!

LOUIS, *qui l'observe.*

Qu'a-t-elle donc?

(A Marie.)

Sortez.

Sur vos gardes, Tristan; messieurs, à mes côtés.

(Il va s'asseoir.)

SCÈNE XI.

LOUIS, LE DAUPHIN, NEMOURS, COMMINE, TOISON-D'OR ; *chevaliers français et bourguignons.*

NEMOURS, *sur le devant de la scène.*
Je sens mon corps trembler d'une horreur convulsive ;
C'est lui, c'est lui, mon père ! et Dieu souffre qu'il vive !

LOUIS, *après avoir parcouru les lettres de créance que le héraut lui présente à genoux.*
Largesse à Toison-d'Or !.. Interdit devant nous,
Vous paraissez troublé, comte, rassurez-vous.

NEMOURS.
On pâlit de colère aussi bien que de crainte ;
Et tels sont les griefs dont je viens porter plainte,
Sire, que sur mon front, où vous voyez l'effroi,
La fureur qui m'agite a passé malgré moi.

LOUIS.
Ces griefs, quels sont-ils ?

NÉMOURS.
Vous allez les connaître :

Pour très-puissant seigneur le duc Charles, mon maî-
Premier pair du royaume, et prince souverain... [tre,
LOUIS.
Je connais les états dont je suis suzerain ;
Comte, passons aux faits.
NEMOURS.
A vous donc, roi de France,
Son frère par le sang, comme par l'alliance,
Moi, venu sur son ordre et parlant en son nom,
J'expose ici les faits pour en avoir raison.
Je me plains qu'au mépris de la foi mutuelle,
Vous avez des cantons embrassé la querelle.
Prêtant aide et secours à leurs déloyautés,
Vous les protégez, sire ; et quand ces révoltés
Nous jettent fièrement le gage des batailles,
Vous recevez leurs chefs, présens dans ces murailles.
LOUIS, *vivement*.
Je ne les ai pas vus, et ne les verrai pas.
Poursuivez.
NEMOURS.
Je me plains que Chabanne et Brancas,
Comme à la paix jurée, à l'honneur infidèles,
Ont la lance à la main surpris nos citadelles,
Et malgré les sermens que Louis de Valois,
Que le roi très-chrétien a prêtés sur la Croix,

ACTE II, SCENE XI.

Ont, en lâches qu'ils sont, par force et félonie
Fait prévaloir des droits qu'un traité lui dénie.

LOUIS.

S'ils l'ont fait, que le tort leur en soit imputé;
Ils ont agi tous deux contre ma volonté.

NEMOURS.

J'en demande une preuve.

LOUIS.

Et vous l'aurez.

NEMOURS.

Mais prompte,
Mais décisive.

LOUIS.

Enfin?

NEMOURS.

Leur châtiment.

LOUIS.

Vous, comte!
Quels que soient vos pouvoirs, c'est par trop exiger:
Car je dois les entendre avant de les juger.

NEMOURS, *avec emportement.*

Eh! sire, dans vos mains la hache toujours prête
A frappé pour bien moins une plus noble tête.

LOUIS, *se levant.*

Laquelle?

NEMOURS.

Dieu le sait; quand il vous jugera,
Dieu qui condamne aussi vous la présentera.

LOUIS.

La vôtre est dans mes mains.

NEMOURS.

Et vous la prendrez, sire;
Mais écoutez d'abord ce qui me reste à dire.

COMMINE.

Comte!..

LOUIS, *qui s'assied.*

Le Téméraire est bien représenté :
Jamais ce nom par lui ne fut mieux mérité;
Convenez-en, messieurs!

(à Nemours.)

Mais achevez.

NEMOURS.

Je l'ose,
Quoi qu'il puisse advenir pour mes jours ou ma
[cause.
Soyez donc attentifs, vous leur maître après Dieu,
Vous féaux chevaliers, vous seigneurs de haut lieu,
Dont jamais l'écusson, terni par une injure,
Lui vînt-elle du roi, n'en garda la souillure.
Charles, sur les griefs dont cet écrit fait foi,

Attend et veut justice, ou déclare par moi
Qu'au nom du bien public et de la France entière,
Des lions de Bourgogne il reprend la bannière.
Pour tout duché, comté, fief ou droit féodal,
Qu'il tient de la couronne à titre de vassal,
De l'hommage envers vous lui-même il se relève,
Et sa foi qu'il renie, il la rompt par le glaive.
Il s'érige en vengeur du présent, du passé,
Du sang des nobles pairs traîtreusement versé;
Devant Dieu contre vous et vos arrêts injustes
Se fait le champion de leurs ombres augustes,
Les évoque à son aide ; et comme chevalier,
Comme pair, comme prince, en combat singulier,
Au jugement du ciel pour ses droits se confie :
Sur quoi, voici son gage, et ce gant vous défie!
Qui le relève ?

  LE DAUPHIN, *qui s'élance et le ramasse.*
   Moi, pour Valois et les lis!

  TOUS LES CHEVALIERS.

Moi, moi, sire !

  LOUIS, *qui s'est levé.*
   Vous tous! lui le premier, mon fils!
Mon fils, si jeune encore, et son bras les devance!
Bien, Charles!.. Pâque-Dieu ! c'est un enfant de
           [France!

LE DAUPHIN, *attendri*.

Mon père !...

LOUIS, *froidement.*

Assez ! assez !

(Au héraut.)

Prends ce gant, Toison-d'Or :

(Montrant le dauphin.)

Froissé par cette main, il est plus noble encor.

(A Nemours.)

Vous à qui je le rends, bénissez ma clémence :
Si je ne pardonnais un acte de démence,
Quand ce gage en tombant m'insultait aujourd'hui,
Votre tête à mes pieds fût tombée avec lui.
J'estime la valeur, et j'excuse l'audace.

(Aux chevaliers.)

Que nul de vous, messieurs, ne soit juste à ma [place!
C'est le roi qu'on outrage, et je laisse à juger
Si je me venge en roi de qui m'ose outrager.

(A Nemours.)

Je garde cet écrit; nous le lirons ensemble,
Comte; ce jour permet qu'un lieu saint nous ras- [semble;
Nous nous y reverrons en amis, en chrétiens,
Et j'oublirai vos torts pour m'occuper des miens.

NEMOURS, *en sortant.*

J'ai fait mon devoir, sire, et j'aurai le courage

ACTE II, SCÈNE XII.

Fût-ce au prix de mes jours, d'achever mon ouvrage.
LOUIS, *qui fait signe à tout le monde de se retirer et à Tristan d'attendre au fond.*
Commine, demeurez!

SCÈNE XII.

LOUIS, COMMINE, TRISTAN, *au fond.*

COMMINE.

Que ne m'avez-vous cru,
Sire? devant vos yeux il n'aurait point paru.
LOUIS.
Je ne hais pas les gens que la colère enflamme :
On sait mieux et plus tôt tout ce qu'ils ont dans l'ame.
Il faut rassurer Charle en signant ce traité ;
J'entrevois qu'il se perd par sa témérité.
Son digne lieutenant, Campo-Basso, qu'il aime,
Se vendrait au besoin et le vendrait lui-même :
Pour trahir à propos il n'a pas son égal.
L'orgueil de mon cousin doit le mener à mal ;
Et si, comme à Morat, le ciel veut qu'il l'expie,
L'arrêter en chemin serait une œuvre impie.

(Après une pause.)
Mais mon fils...

COMMINE.

Que d'espoir dans sa jeune valeur !
Digne appui de son père, avec quelle chaleur
Il s'armait pour venger une cause si belle!

LOUIS.

Il serait dangereux s'il devenait rebelle.

COMMINE.

Quoi, sire...

LOUIS.

Je m'entends, et par moi-même enfin
Je sais contre son roi ce que peut un dauphin.
Mais, dites-moi, ce comte, il connaît votre fille?

COMMINE, *étonné*.

Lui!

LOUIS, *vivement*.

Répondez.

COMMINE, *avec embarras*.

J'ai su qu'admis dans ma famille...
J'étais en France.

LOUIS.

Après ?

COMMINE.

J'ai su confusément
Qu'il la vit.

LOUIS.

Qu'il l'aime ? Parlez-moi franchement.

ACTE II, SCENE XIII.

COMMINE.

Le comte à sa beauté ne fut pas insensible.

LOUIS.

Il l'aime, et vous croyez qu'il est incorruptible!...
Renfermez-vous chez moi ; sur ma table en partant
J'ai préparé pour vous un travail important.

COMMINE.

Ne vous suivrai-je pas?

LOUIS.

Non : montrez-moi du zèle,
Mais ici même ; allez !

(Pendant que Commine s'éloigne.)

J'en saurai plus par elle.

SCÈNE XIII.

LOUIS, TRISTAN.

LOUIS.

Viens !

TRISTAN.

Me voici !

LOUIS.

Plus près.

TRISTAN.

Là, sire ?

LOUIS.

Encore un pas.

TRISTAN.

J'écouterai des yeux, vous pouvez parler bas.

LOUIS.

Eh bien! de ce vassal j'ai pardonné l'outrage.

TRISTAN.

Vous l'avez dit.

LOUIS.

C'est vrai.

TRISTAN.

J'en conclus que c'est sage.

LOUIS.

Je traite avec lui.

TRISTAN.

Vous!

LOUIS.

Ce mot te surprend?

TRISTAN.

Non :
Quoi que fasse mon maître, il a toujours raison.

LOUIS.

Pourtant à mon cousin si l'avenir réserve
Un revers décisif... que le ciel l'en préserve!

TRISTAN.

Moi, le vœu que je fais, c'est qu'il n'y manque rien.

LOUIS.

Tu n'es pas bon, Tristan; ton vœu n'est pas chrétien.

Mais si Dieu l'accomplit, tout change alors.

TRISTAN.

Sans doute.

LOUIS.

Laisser aux mains du comte un traité qui me coûte,
Est-ce prudent ?

TRISTAN.

Tous deux sont à votre merci.

LOUIS.

Respect au droit des gens ! Non pas : non, rien ici.

TRISTAN.

Comment anéantir un acte qu'il emporte ?

LOUIS.

Je lui donne au départ une brillante escorte.

TRISTAN.

Pour lui faire honneur ?

LOUIS.

Oui ; moi, son hôte et seigneur,
Comme tu dis, Tristan, je veux lui faire honneur.

TRISTAN.

Qui doit la commander ?

LOUIS.

Toi, jusqu'à la frontière.

TRISTAN.

Ah ! moi.

LOUIS.

Compose-la...

TRISTAN.

Comment ?

LOUIS.

A ta manière.

TRISTAN.

D'hommes que je connais ?

LOUIS.

D'accord.

TRISTAN.

Intelligens ?

LOUIS.

D'hommes à toi.

TRISTAN.

Nombreux ?

LOUIS.

Plus nombreux que ses gens
Pour lui faire honneur.

TRISTAN.

Certe.

LOUIS.

Et qui sait ?... Mais écoute :
C'est l'Angélus ?

ACTE II, SCENE XIII.

TRISTAN.

Oui, sire.

(Louis retire son chapeau pour faire une prière et Tristan l'imite.)

LOUIS, *se rapprochant de Tristan après avoir prié.*

Et qui sait? sur la route...
Il est fier.

TRISTAN.

Arrogant.

LOUIS.

Dans un bois écarté,
Par les siens ou par lui tu peux être insulté?

TRISTAN.

Je le suis.

LOUIS.

Défends-toi.

TRISTAN.

Comptez sur moi.

LOUIS.

J'y compte.
Tu reprends le traité.

TRISTAN.

C'est fait.

LOUIS.

Bien!

TRISTAN.

Mais le comte...

LOUIS.

Tu ne me comprends pas.

TRISTAN.

Il faut donc...

LOUIS.

Tu souris;
Adieu, compère, adieu; tu comprends.

TRISTAN.

J'ai compris.

FIN DU DEUXIÈME ACTE.

ACTE TROISIÈME.

(Une forêt : d'un côté la chapelle de Notre-Dame-des-Bois, dont le portail rustique s'avance, élevé de quelques degrés; de l'autre, un banc au pied d'un arbre.

Au lever du rideau, le tableau animé d'une fête de village : on danse en rond sur le devant de la scène.)

SCÈNE I.

MARCEL, RICHARD, DIDIER, MARTHE, PAYSANS, SOLDATS, MARCHANDS, ETC.

MARCEL, *chantant.*

Quel plaisir !... Jusqu'à demain
Sautons au bruit du tambourin ;
Pour étourdir le chagrin,
Fillettes,
Musettes,
Répétez mon refrain !

A la gaîté ce beau jour nous convie :
L'esprit libre et le cœur content,
Demandons tous bonheur et longue vie
Pour le roi que nous aimons tant...

MARTHE, *qui s'approche de Marcel.*

Va-t-il mieux ?

MARCEL.

Je le crois ; mais qui le sait ? personne.

MARTHE.

Qu'un roi traîne long-temps, Marcel !

MARCEL.

La place est bonne ;
On y tient tant qu'on peut.

RICHARD.

La santé vaut de l'or ;
Et la sienne, dit-on, coûte cher au trésor.

DIDIER.

Témoin les collecteurs dont nous sommes la proie.

MARCEL.

Oui ; des impôts sur tout, même sur notre joie !
J'aime à me divertir ; mais doit-on m'y forcer ?

MARTHE.

Quand on danse pour soi, c'est plaisir de danser :
Mais pour autrui !

DIDIER.

Par ordre !

RICHARD.

Et quand la peur vous glace,
La corvée est moins rude.

ACTE III, SCENE I.

MARCEL.

On peut venir : en place !
Quel plaisir !... Jusqu'à demain
Sautons au bruit du tambourin ;
Pour étourdir le chagrin,
Fillettes,
Musettes,
Répétez mon refrain !
Lorsqu'à bien rire ici l'on nous invite,
Que nos seigneurs sont indulgens !
Chantons en chœur ce bon Tristan l'Ermite,
Qui fait danser les pauvres gens.

DIDIER, *à Marcel.*

Voici des Ecossais !

UN MARCHAND.

Mon bon seigneur, de grâce,
Payez.

MARCEL.

Sur quelque objet un d'eux a fait main basse.

PREMIER ÉCOSSAIS, *au marchand.*

Non, de par saint Dunstan !

LE MARCHAND.

Le quart !

L'ÉCOSSAIS.

Pas un denier.
Si je payais un Juif, que dirait l'aumônier ?
Hors d'ici, mécréant !

DEUXIÈME ÉCOSSAIS, *à Marthe.*
Un mot, la belle fille!
MARCEL.
Mais, c'est ma femme!
L'ÉCOSSAIS.
Eh bien! je suis de la famille,
Et je l'embrasserai.
MARCEL, *ôtant son chapeau.*
C'est grand honneur pour moi.
DEUXIÈME ÉCOSSAIS.
Tu dois sur sa beauté la dîme aux gens du roi;
Je la prends : dès demain nous te rendrons visite.
(Ils passent.)
MARCEL.
Puissent-ils m'épargner leur présence maudite!
MARTHE, *s'essuyant la joue.*
Rien n'est sacré pour eux.
DIDIER.
Ils nous font plus de mal
Que le vent, que la grêle et le gibier royal.
RICHARD.
Travaillez donc! Rentrez vos récoltes nouvelles,
Pour que, fondant sur vous de leurs nids d'hirondel-
Ils viennent, par volée, apporter la terreur,   [les,
La honte et la disette où s'abat leur fureur.

ACTE III, SCENE II.

MARTHE.

Ils ont du pauvre Hubert séduit la fiancée.

RICHARD.

De mon unique enfant la vie est menacée.

DIDIER.

Quand les verrons-nous donc mourir jusqu'au der-
Eux, et quelqu'un encor?   [nier,

MARCEL.

Chut! messire Olivier!
En place : le voici!

>Quel plaisir!... Jusqu'à demain
>Sautons au bruit du tambourin;
>Pour étourdir le chagrin,
> Fillettes,
> Musettes,
>Répétez mon refrain!

SCÈNE II.

LES PRÉCÉDENS, OLIVIER.

OLIVIER.

Bien! mes amis, courage!
C'est signe de bonheur quand on chante au village.

MARCEL.

Vous voyez, monseigneur, si nous sommes joyeux.

OLIVIER.

Je venais ici même en juger par mes yeux.
J'aime le peuple, moi.

MARCEL.

Grand merci !

OLIVIER.

Je l'estime.

MARCEL, *bas à Marthe*.

Il en était.

MARTHE.

Tais-toi.

OLIVIER.

Que la fête s'anime :
Allons ! riez, dansez ! le roi le veut ainsi ;
Il fait de vos plaisirs son unique souci.

MARTHE.

Au frais, sous la feuillée, on s'est mis en cadence;
Nous n'avions garde au moins de manquer à la danse,
Vu que le grand-prévôt nous a fait avertir
D'avoir, midi sonnant, à nous bien divertir.

RICHARD.

Et sous peine sévère !

MARCEL.

Il n'admet pas d'excuse ;
Le bon seigneur Tristan, quand il veut qu'on s'a-
[muse.

Aussi vous concevez qu'on est venu gaîment,
Et nous nous amusons de premier mouvement.
OLIVIER.
C'est bien fait.
MARTHE.
De tout cœur.
OLIVIER.
Je vous en félicite.
Il se peut que le roi de ce beau jour profite.
DIDIER.
Le roi !
OLIVIER.
Qu'il vienne ici.
MARCEL.
Parmi nous ?
OLIVIER.
Oui, vraiment.
Qu'as-tu donc ?
MARCEL.
C'est la joie et... le saisissement :
Le roi !
OLIVIER.
Que direz-vous à cet excellent maître ?
Vous allez lui parler, mais sans le reconnaître.
MARCEL.
Je ne l'ai jamais vu qu'à travers les barreaux,

Un soir que nous dansions, là-bas sous les créneaux.
Quand je dis : je l'ai vu, j'explique mal la chose:
J'ai voulu regarder ; mais un roi vous impose.

OLIVIER.

Avais-tu peur?

MARCEL.

Moi, peur! non; mais en y pensant,
J'avais comme un respect qui me glaçait le sang.
Richard, tu vas parler.

RICHARD, *à Didier.*

Toi!

MARTHE.

J'en fais mon affaire;
Moi, si l'on veut.

OLIVIER.

Vous tous. Il faudra le distraire,
Lui réjouir le cœur par quelque vieux refrain,
Par quelque bon propos.

MARCEL.

Il a donc du chagrin?

OLIVIER.

Non pas! lui répéter qu'il se porte à merveille.

MARTHE.

Il va donc mal?

OLIVIER.

Eh non! lui conter à l'oreille

Tout ce que vous pensez.

MARCEL.

Comment, tout?

OLIVIER.

Pourquoi non?

MARCEL.

Bien! moi je me plaindrai des gens de sa maison.

MARTHE.

Moi, de ses Ecossais.

DIDIER.

Moi, de la vénerie.

RICHARD.

Moi, de la taille.

UN PAYSAN.

Et moi...

OLIVIER.

Halte-là, je vous prie :
D'où vous vient cette audace?

MARCEL.

Excusez, monseigneur.
Nous pensons...

OLIVIER.

Vous pensez qu'il fait votre bonheur.

MARCEL.

C'est vrai.

OLIVIER.
Que vous l'aimez.

MARCEL.
C'est juste.

OLIVIER.
Comme un père.

MARCEL.
Sans doute.

OLIVIER.
Il m'est prouvé par cet aveu sincère
Que vous pensez ainsi?

MARCEL.
D'accord.

MARTHE.
Pas autrement.

OLIVIER.
Eh bien! dites-le donc, et parlez franchement.

MARCEL.
Sans détour.

OLIVIER.
Le voilà qui sort de l'ermitage.

MARCEL.
Ah! ce vieillard si pâle!

OLIVIER.
Il a très-bon visage.

MARCEL.

Oui, monseigneur.

OLIVIER.

Chantez!

MARCEL, *d'une voix éteinte.*

Quel plaisir jusqu'à demain...
Sautons...

OLIVIER, *avec colère.*

Ferme! soutiens ta voix;
De la gaîté, morbleu!... chantez tous à la fois.

MARCEL ET LE CHOEUR.

Quel plaisir!... Jusqu'à demain
Sautons au bruit du tambourin;
Pour étourdir le chagrin,
Fillettes,
Musettes,
Répétez mon refrain!

SCÈNE III.

LES PRÉCÉDENS, LOUIS, QUELQUES ÉCOSSAIS *qui restent dans le fond.*

(Pendant cette scène et les suivantes, Tristan paraît de temps à autre, comme pour veiller sur le roi.)

LOUIS, *qui arrive à pas lents, et tombe épuisé sur le banc.*

Le soleil m'éblouit, et sa chaleur m'oppresse :

L'air était moins pesant, plus pur dans ma jeunesse;
Les climats ont changé.

OLIVIER, *lui montrant les paysans.*

Mêlez-vous à leurs jeux :
Vous êtes inconnu; parlez-leur.

LOUIS.

Tu le veux?

OLIVIER, *aux paysans.*

Ce seigneur de la cour a deux mots à vous dire;
Venez.

LOUIS, *à Marthe.*

Vous, la fermière.

MARTHE.

A vos ordres, messire.

LOUIS.

Comment faites-vous donc pour vous porter si bien?

MARTHE.

Comment?

LOUIS.

Dites-le moi.

MARTHE.

Pour cela fait-on rien ?
On y perdrait son temps; aussi, mauvaise ou bonne,
Nous prenons la santé comme Dieu nous la donne.
C'est chose naturelle, et qui vient, que je crois,

Ni plus ni moins que l'herbe et le gland dans les bois.
Pour m'en troubler la tête ai-je un instant de reste?
Que nenni! le coq chante, et chacun d'un pas leste,
Court s'acquitter des soins qu'exige la saison :
Le mari fait ses blés ; la femme à la maison
Gouverne de son mieux la grange et le ménage.
L'appétit qui s'éveille et qu'on gagne à l'ouvrage
Change en morceau de roi le mets le plus frugal.
Jamais un lit n'est dur quand on fut matinal;
Le somme commencé, jusqu'au jour on l'achève :
Qui n'a pas fait de mal, n'a pas de mauvais rêve.
Puis revient le dimanche, et pour se ranimer,
On a par-ci par-là quelque saint à chômer.
Travail, bon appétit, et bonne conscience,
Sommeil à l'avenant, voilà notre science
Pour avoir l'ame en paix et le corps en santé;
L'année arrive au bout, et l'on s'est bien porté.

LOUIS.

Quoi! jamais de chagrins?

MARCEL.

Dame ! la vie humaine
N'a qu'un beau jour sur trois, c'est comme la semaine.
La pluie et le beau temps, la peine et le plaisir ;
C'est à prendre ou laisser; on ne peut pas choisir.

LOUIS.
Pour vous est le plaisir, pour nous la peine.
MARTHE.
A d'autres!
Pensez à nos soucis, vous oublîrez les vôtres. [peu;
Quand le pain se vend cher, vous vous en troublez
Tout en filant mon lin, j'y rêve au coin du feu.
Pourtant je chante encor : bonne humeur vaut ri-
[chesse,
Et qui souffre gaîment a de moins la tristesse.
Quel que soit notre lot, nous nous en plaignons tous;
Mais le plus mécontent fait encor des jaloux.
Il n'est pauvre ici-bas qu'un plus pauvre n'envie;
Et quand j'ai par malheur des chagrins dans la vie,
Le sort d'un moins heureux me console du mien :
J'en vois qui sont si mal que je me trouve bien.
MARCEL.
Maillard, notre cousin, doit un an sur sa ferme;
Donc je bénis le ciel, moi qui ne dois qu'un terme.
LOUIS, *à Olivier.*
Ces misérables-là font du bonheur de tout!
OLIVIER, *au roi.*
Bonheur qui sent le peuple.
MARTHE.
Il est de notre goût.

ACTE III, SCENE III.

Qui nous dit qu'un plus grand nous plairait davanta-
OLIVIER, *qui fait signe à Marthe.* [ge?
Mais chacun dans ce monde a ses maux en partage.
Vous aussi.

LOUIS.

Répondez : n'avez-vous pas vos maux,
Partant des médecins?

MARCEL.

Oui dà! pour nos troupeaux;
Mais pour nous, que non pas!

LOUIS.

La raison?

MARCEL.

Elle est claire ;
Ils prennent votre argent souvent sans vous rien
[faire.
Leur bailler mes écus, pas si simple! il vaut mieux
Acheter au voisin un quartaut de vin vieux,
Et pour m'administrer ce remède que j'aime,
N'avoir de médecin que le chantre et moi-même.
Vu qu'on paie à grands frais tous ces donneurs
[d'espoir,
On croit en revenir, et puis crac! un beau soir
Plus personne!

LOUIS.

Je souffre.

MARCEL.

Au jour de l'échéance,
Force est bien, malgré soi, d'acquitter sa créance.
Quel homme avec la mort a gagné son procès ?

LOUIS, *se levant.*

Tu ne la crains donc pas la mort ?

MARCEL.

Si j'y pensais,
J'aurais peur comme un autre, encor plus, j'imagine;
Mais pourquoi donc penser à ce qui vous chagrine?
Pour peu que le curé nous en parle au sermon,
Moi, je pense vignoble et je rêve moisson ;
Ou je me dis tout bas ceci qui me console :
Notre petit Marcel est beau que j'en raffolle.
Tous les ans il grandit: moi, mon temps ; lui, le sien.
Amassons pour qu'un jour il ne manque de rien ;
Que l'enfant nous regrette. Aussi bien, quoi qu'on
[fasse,
Il faut que tôt ou tard votre fils vous remplace.

LOUIS.

Mais le plus tard possible.

MARCEL.

Ah! c'est mieux.

OLIVIER.

Ignorant!

ACTE III, SCENE III.

MARCEL.

J'ai tort.

OLIVIER.

Des médecins le savoir est si grand !

MARCEL.

Je parle du barbier de notre voisinage,
Et l'on sait ce que c'est qu'un barbier de village.

LOUIS, *qui frappe sur l'épaule d'Olivier en riant.*

Par Dieu ! voici quelqu'un qui le sait mieux que toi,
Tout ministre qu'il est.

OLIVIER, *à Marcel.*

Pourquoi ris-tu ?

MARCEL.

Qui, moi ?
Ce seigneur dit un mot qui me semble agréable :
J'en ris.

LOUIS.

Vous l'appelez maître Olivier-le-Diable ;
Conviens-en.

MARCEL, *vivement.*

Non.

LOUIS.

Si fait.

MARTHE, *à Marcel.*

Trop jaser nuit souvent :
Bouche close !

LOUIS.

Entre amis !

MARTHE.

Qu'on maudisse le vent,
Quand il abat les fruits ou découvre la grange,
L'orage, quand trop d'eau fait couler la vendange,
L'orage ni le vent ne s'en fâcheront pas ;
Les grands c'est autre chose : on a beau parler bas,
Tout ce qu'on dit sur eux leur revient à l'oreille;
Et l'on pleure le jour d'avoir trop ri la veille.

OLIVIER, *à Marthe.*

Pourtant si quelqu'un d'eux disait du mal du roi,
Vous le dénonceriez ?

MARCEL.

C'est bien chanceux...

LOUIS.

Pourquoi ?

MARCEL.

L'argent qu'on gagne ainsi vous porte préjudice.

OLIVIER.

Rêves-tu ?

MARCEL.

Vos moutons meurent par maléfice ;
Vos blés sèchent sur pied. Tenez, l'autre matin,
Le fermier du couvent dénonça son voisin;

La grêle à ses vergers fit payer sa sottise,
Tout périt, et pourtant c'était du bien d'église.

OLIVIER.

Maître fou !

MARCEL.

Je l'ai vu : demandez à Richard.

RICHARD.

C'est sûr.

LOUIS, *sévèrement.*

Dieu l'a puni d'avoir parlé trop tard.

MARCEL.

Je vous crois ; après tout, Dieu veuille avoir son [ame !
Que vous sert votre argent si l'enfer vous réclame ?
Aussi mon cœur s'en va quand je vois sur le soir
Le convoi d'un défunt, les cierges, le drap noir,
Et l'office des morts avec les chants funèbres.
Je me dis : les démons sont là, dans les ténèbres ;
Ils vont le prendre, et l'or, qu'il aimait à compter,
Des griffes de satan ne peut le racheter.

LOUIS.

Je me sens mal.

OLIVIER, *à Marcel.*

Poltron !

MARCEL.

J'en conviens, je frissonne ;
Pourtant j'ai bon espoir : je n'ai tué personne.

LOUIS, *avec violence*

Va-t-en !

MARCEL.

Je l'ai fâché, mais si je sais comment...

OLIVIER.

Rustre !

LOUIS, *à lui-même*.

La mort, l'enfer, un éternel tourment !
Notre-Dame d'Embrun, soyez-moi secourable !
(A Marcel.) (Lui secouant le bras.)
Va-t-en... Non, viens, réponds : qui t'a dit, misérable,
De me parler ainsi ?

MARCEL, *tombant à genoux*.

Personne.

LOUIS.

On t'a payé ;
Qui l'a fait ?

MARCEL.

Si c'est vrai, que je sois foudroyé !

MARTHE.

Allez, méchant propos chez lui n'est pas malice,
C'est candeur.

MARCEL.

C'est bêtise ; elle me rend justice.
Demandez-leur à tous, je suis connu.

ACTE III, SCENE III.

LOUIS.

      J'ai ri ;
Bien te prend d'être un sot. C'est donc là ton mari ?

MARTHE.

Brave homme au demeurant et que j'aime.

LOUIS.

      Eh bien ! passe ;
Je lui pardonnerai ; mais ne lui fais pas grâce,
Nomme tes amoureux.

MARTHE.

     Chez nous rien de pareil !

LOUIS.

Avec ces traits piquans, ces yeux, ce teint vermeil !
Quoi ! pas un ? réfléchis, car cela le regarde.

MARCEL.

Marthe, nomme-les tous ; je n'y prendrai pas garde.

MARTHE, *en souriant.*

Je n'en ai qu'un.

LOUIS.

  Et c'est ?

MARTHE.

    Vous.

LOUIS, *la prenant à bras-le-corps.*

      Vraiment !

MARTHE.

      Finissez.

LOUIS.
Que crains-tu d'un vieillard?
MARTHE.
Pas si vieux!
LOUIS.
Mais assez
Pour se fier à lui.
MARTHE.
Je ne m'y firais guère;
Vous avez l'œil vif.
OLIVIER, *bas à Marthe.*
Bien!
MARTHE.
L'air d'un joyeux compère.
LOUIS.
Oui-dà?
MARTHE.
Fille avec vous pourrait courir gros jeu.
OLIVIER, *de même à Marthe.*
A merveille.
LOUIS.
Tu crois?
MARTHE.
Et si je forme un vœu,
C'est que vous ressemblant d'humeur et de visage,
Le roi qui se fait vieux porte aussi bien son âge.

ACTE IV, SCENE VI.

LOUIS.

D'où vient?

MARTHE.

Nous et nos fils nous aurions du bon temps;
Car vous êtes robuste, et vous vivrez cent ans.

LOUIS.

Cent ans! Tu l'aimes donc le roi?

MARTHE, *à qui Olivier glisse dans la main une bourse qu'elle montre par derrière aux autres paysans.*

Quelle demande!
Ne l'aimons-nous pas tous?

LES PAYSANS.

Oui, tous.

MARTHE.

La France est grande,
Et chacun, comme nous, y bénit sa bonté.

LOUIS, *attendri.*

Tu l'entends?

OLIVIER.

Et par eux vous n'êtes pas flatté!

LOUIS, *à Marthe.*

Pâque-dieu! mon enfant, c'est le roi qui t'embrasse!

MARTHE.

Le roi!

LES PAYSANS.

Vive le roi!

MARCEL.

Lui, son fils et sa race
A toute éternité!

LOUIS.

Braves gens que voilà!
Leurs vœux me vont au cœur.

OLIVIER.

C'est qu'ils partent de là,

LOUIS.

Pour la France et pour moi je vous en remercie.
(A Marthe.)
Ah! je vivrai cent ans! Eh bien! ta prophétie
Te vaudra des joyaux : prends ceci, prends encor.
(Aux paysans.)
Allez vous réjouir avec ces écus d'or;
Buvez à mes cent ans.

MARCEL.

Et plutôt dix fois qu'une.
Je veux à tous venans montrer notre fortune,
La compter devant eux.

MARTHE.

Et je leur dirai, mói,
Que j'ai reçu de plus deux gros baisers du roi.

SCÈNE IV.

LOUIS, OLIVIER.

LOUIS, *avec émotion.*
Il est doux d'être aimé !
OLIVIER.
C'est vrai.
LOUIS.
Je suis robuste.
OLIVIER.
Et ces femmes du peuple ont souvent prédit juste.
LOUIS.
Tu ris.
OLIVIER.
Non pas.
LOUIS.
Cent ans ! m'en flatter ; j'aurais tort !
Pourtant mon astrologue avec elle est d'accord.
OLIVIER.
Se peut-il ?
LOUIS.
Chose étrange !

OLIVIER.

Et pour moi décisive ;
De plus, c'est au moment où le saint homme arrive.

LOUIS.

Comme envoyé du ciel !

OLIVIER.

Sire, je la croirais.

LOUIS.

Oh! non... mais c'est possible, à cinq ou six ans près;
Et fussé-je un cadavre usé par la souffrance,
Vivant, je voudrais voir ces tyrans de la France,
Ces vassaux souverains, réduits à leurs fleurons
De ducs sans apanage et d'impuissans barons,
N'offrir de leur grandeur que le noble fantôme;
Je voudrais voir leurs fiefs, démembrés du royaume,
S'y joindre, et ne former sous une même loi
Qu'un corps où tout fût peuple, oui, tout... excepté
[moi.

OLIVIER.

Plût au ciel !

LOUIS.

Mon cousin m'a fait plus d'une injure;
Qu'un bon cercueil de plomb m'en réponde, et je jure
Que les ducs bourguignons, mes sujets bien-aimés,
Seront dans son linceul pour jamais renfermés;

Et qu'avec eux jamais mon royal héritage
N'aura maille à partir pour la foi ni l'hommage.
Mais il vit; parlons bas. Ce comte de Réthel,
Cet homme incorruptible, ou qu'on a jugé tel,
On l'entoure, on l'amuse; il n'a pas vu Marie.

OLIVIER, *lui montrant la chapelle ouverte.*

Elle est là.

LOUIS.

Je la vois.

OLIVIER.

C'est pour vous qu'elle prie.

LOUIS.

Avec cette ferveur et ce recueillement?
Mon royaume, Olivier, que c'est pour un amant!

OLIVIER.

L'enjeu, si je le gagne, est difficile à prendre;
Vos ennemis vaincus sont là pour me l'apprendre.

LOUIS, *regardant toujours du côté de la chapelle.*

Secret de jeune fille est parfois important;
Je connaîtrai le sien; qu'elle vienne!

OLIVIER, *qui fait un pas pour sortir.*

A l'instant.

LOUIS.

Prends soin que rien ne manque à la cérémonie.

OLIVIER.

La cour au monastère est déjà réunie,
Et doit se rendre ici quand votre majesté
Devant l'homme de Dieu va jurer le traité.

LOUIS.

Je veux qu'il sache bien, pour prolonger ma vie,
Que maintenir la paix est ma pieuse envie,
Que je commande en maître à mes ressentimens.

OLIVIER.

Les reliques des saints recevront vos sermens?

LOUIS, *plus bas.*

Non, la châsse d'argent suffit sans les reliques.

OLIVIER.

J'y pensais.

LOUIS.

Ce scrupule, aisément tu l'expliques;
Connaissant mon cousin, j'ai droit de soupçonner
Qu'un faux serment de lui pourrait les profaner.

(On entend retentir les cris de *Vive le dauphin!*)

Quel bruit!

OLIVIER.

Dans le hameau c'est le dauphin qui passe;
Ce peuple qui vous aime...

(Les mêmes cris se répètent.)

LOUIS.

Encor! ce bruit me lasse!

Ils aiment tout le monde : à quoi bon ces transports?
Le dauphin! qu'on attende : il n'est pas roi. Va, sors,
Il vient.

(Olivier entre dans la chapelle.)

SCÈNE V.

LOUIS, LE DAUPHIN.

LOUIS.

Qu'avez-vous donc? vous pleurez de tendresse.

LE DAUPHIN.

Pour la première fois je goûte cette ivresse :
Qui n'en serait ému? Partout sur mon chemin,
Partout les mêmes cris!

LOUIS.

Vous partirez demain.

LE DAUPHIN.

Sitôt!

LOUIS.

C'est un poison, prince, que la louange.
Un jeune orgueil qu'on flatte aisément prend le chan-
On se croit quelque chose, on n'est rien. [ge.

LE DAUPHIN.

Je le sais.

LOUIS.

Beau sujet d'être heureux : des cris quand vous passez!
Le peuple, en ramassant un écu qu'on lui jette,
Fatigue de ses cris quiconque les achète.
Jugez mieux de l'accueil qu'on vous a fait ici :
J'ai parlé, j'ai payé pour qu'il en fût ainsi.

LE DAUPHIN.

Quoi! sire, cette joie, elle était commandée?

LOUIS.

Par moi.

LE DAUPHIN.

Mon cœur se serre à cette triste idée.

LOUIS.

Que la leçon vous serve : afin d'en profiter,
Sous les créneaux d'Amboise allez la méditer.

LE DAUPHIN.

Qu'ai-je donc fait?

LOUIS.

Vous? rien; et qu'oseriez-vous faire?
Que pouvez-vous?

LE DAUPHIN.

Hélas! pas même vous complaire.
C'est mon unique espoir, c'est mon vœu le plus doux;
Mais...

LOUIS.

Parlez!

ACTE III, SCENE V.

LE DAUPHIN.

Je ne puis.

LOUIS.

Pourquoi trembler ?

LE DAUPHIN.

Moi ?

LOUIS.

Vous.

LE DAUPHIN.

Du moins quand d'un vassal l'envoyé vous offense,
Je ne tremble pas.

LOUIS.

Non, mais prendre ma défense,
La prendre sans mon ordre est aussi m'offenser.

LE DAUPHIN.

Dieu ! j'ai cru que vos bras s'ouvraient pour me pres-
Que j'en allais sentir l'étreinte paternelle.   [ser,

LOUIS.

Vision !

LE DAUPHIN.

Qu'à ce prix la mort m'eût semblé belle !
Si vous m'aimiez...

LOUIS.

Ainsi je ne vous aime pas ?

LE DAUPHIN.

Pardonnez !

LOUIS.

Je vous hais?... Les enfans sont ingrats,
Je suis un homme dur?

LE DAUPHIN.

Sire !...

LOUIS.

Presque barbare?
Voilà comme on vous parle et comme on vous égare.

LE DAUPHIN.

Jamais.

LOUIS.

En s'y risquant on met sa vie au jeu;
On l'ose cependant.

LE DAUPHIN.

Jamais.

LOUIS.

Qui donc? Beaujeu?
Votre oncle d'Orléans? d'autres que je soupçonne?...
(Avec bonhomie.)
Charles, mon fils, sois franc: sans dénoncer personne,
Nomme-les-moi tout bas; je ne veux pas punir,
Je veux savoir.

LE DAUPHIN.

Mon oncle aime à m'entretenir.

LOUIS.

Il te dit?...

ACTE III, SCENE V.

LE DAUPHIN.

Que la France un jour m'aura pour maître ;
Que m'en faire chérir est mon devoir.

LOUIS, *à part.*

Le traître !

(Haut.)

Et ne vous dit-il pas qu'affaibli par mes maux,
Je dois, oui.. qu'avant peu je... s'il le dit, c'est faux ;
Qu'enfin vous n'avez plus qu'à ceindre un diadème,
Qui dans vos jeunes mains va tomber de soi-même ?

LE DAUPHIN.

Dieu !

LOUIS.

C'est faux : mon fardeau me fait-il chanceler ?
Le poids d'un diadème est loin de m'accabler.
Deux, trois autres encor, devenant ma conquête,
Ne m'accableraient pas, et sur ma vieille tête
Accumulés tous trois, lui seraient moins pesans
Qu'une toque d'azur pour ce front de seize ans.

LE DAUPHIN.

Ah ! vivez ; c'est mon vœu quand j'ouvre la paupière,
En refermant les yeux, le soir c'est ma prière.
Quand je vois sur vos traits refleurir la santé,
Tout bas je bénis Dieu de m'avoir écouté.
Vivez : sous votre loi que la France prospère ;

Je le demande au ciel; qu'il m'exauce. Ah! mon père,
Pour ajouter aux jours qui vous sont réservés,
S'il faut encor les miens, qu'il les prenne, et vivez!

LOUIS, *en retirant sa main que le Dauphin veut baiser.*

Non, non, je serais faible, et je ne veux pas l'être.
Allez.

(Le Dauphin, qui a fait un pas pour sortir, revient, et baise la main du roi en la mouillant de pleurs.)

LOUIS, *ému.*

C'est un bon fils !... qui me trompe peut-être.

SCÈNE VI.

LOUIS, *sur le devant de la scène;* LE DAUPHIN, MARIE.

LE DAUPHIN, *bas à Marie qui sort de la chapelle.*
Adieu! pensez à moi!

MARIE.

Vous partez, monseigneur?

LE DAUPHIN.

Demain.
(Il lui baise la main.)
Vous voulez bien, vous!..

SCÈNE VII.

LOUIS, MARIE.

LOUIS, *tandis que Marie fait un signe de pitié au Dauphin qui sort.*

Il est plein d'honneur,
Je l'étais, et pourtant...

MARIE.

Pardon, sire !

LOUIS, *à part.*

Ah ! c'est elle.

(Haut.)
Approche, mon enfant ; comme te voilà belle !

MARIE.

Chacun vient en parure à la fête du lieu.

LOUIS.

C'est agir saintement que se parer pour Dieu.

MARIE.

Je l'ai fait.

LOUIS.

Pour Dieu seul ?

MARIE.

Pour qui donc ?

LOUIS.

Je l'ignore.
A quelqu'un en secret tu voudrais plaire encore ;
Pourquoi pas ?

MARIE.

A vous, sire.

LOUIS.

A moi ! je t'en sais gré ;
Mais supposons qu'ici, par ta grâce attiré,
Quelqu'autre que ton roi...

MARIE.

Comment ?

LOUIS.

Je le suppose.

MARIE.

Je ne vous comprends pas.

LOUIS.

Non ? parlons d'autre chose ;
J'ai tort de supposer.

(*Il s'assied au pied de l'arbre.*)

Viens t'asseoir près de moi ;
Là, bien ; ne rougis pas ; ton malade avec toi,
Pour oublier ses maux, sans te fâcher peut rire,
Et tu sais qu'un vieillard a le droit de tout dire.

MARIE.

Un monarque surtout.

LOUIS.

On me fait bien méchant.
Je suis bon homme au fond ; j'eus toujours du penchant
A prendre le parti des filles de ton âge ;
Aussi plus d'un hymen fut mon royal ouvrage.

MARIE.

Vous êtes un grand roi.

LOUIS.

Les jeunes mariés
Quelquefois me l'ont dit : j'en conviens.

MARIE.

Vous riez.

LOUIS.

Je songeais à t'offrir l'appui de la couronne ;
Nous aurions réussi, mais tu n'aimes personne.

MARIE.

Moi, sire !

LOUIS.

Je le sais.

MARIE.

Pourtant vous m'accusiez.

LOUIS.

Je me trompais.

MARIE.

Enfin, ce que vous supposiez,
Qu'est-ce donc ?

LOUIS.

Sans détour faut-il que je te parle?
Je pensais, faussement, qu'à la cour du duc Charle,
Ton cœur... à dix-huit ans quoi de plus naturel?
S'était laissé toucher aux vœux d'un damoisel,
Brave, de haut lignage et d'antique noblesse.
Oh! j'avais, mon enfant, bien placé ta tendresse!

MARIE, *vivement*.

Poursuivez.

LOUIS.

Ce récit te semble intéressant.

MARIE.

Comme un conte.

LOUIS.

En effet, c'en est un. Quoique absent,
Ton chevalier de loin occupait ta pensée,
Et lui, jaloux de voir sa belle fiancée,
En ambassade...

MARIE, *à part*.

O ciel!

LOUIS.

Arrivé d'aujourd'hui,
Il venait de mes soins me demander l'appui
Pour conclure...

MARIE.

Un traité?

ACTE III, SCENE VII.

LOUIS.

Non pas : un mariage.

MARIE.

Et vous ?...

LOUIS.

J'y consentais ; mais c'est faux ; quel dommage !

MARIE.

Quoi, sire, vous savez...

LOUIS.

Moi, rien !

MARIE.

Grand Dieu ! comment ?
Par qui donc ?

LOUIS.

C'est un conte, et tu n'as point d'amant ;
Non : parlons d'autre chose.

MARIE.

Excusez un mystère
Que j'ai dû respecter.

LOUIS.

Ah ! tu n'es pas sincère,
Tu te caches de moi ; je m'en vengerai !

MARIE, *effrayée.*

Vous !
Grâce ! pitié pour lui ! je tombe à vos genoux !
Qui l'a trahi ?

LOUIS, *qui lui prend les mains en riant, tandis qu'elle est à ses pieds.*

Le traître est ton père lui-même.

MARIE.

Il vous a dit ?...

LOUIS.

Le nom du coupable qui t'aime.

MARIE.

Il l'a nommé?

LOUIS.

Mais oui.

MARIE.

Vous épargnez ses jours! Vous pardonnez...

LOUIS.

Sans doute.

MARIE, *avec un transport de joie.*

A Nemours!

LOUIS, *à part, en se levant.*

C'est Nemours.

MARIE.

Que mon père attendri vous jugeait bien d'avance,
Lorsque d'un orphelin il protégea l'enfance!

LOUIS.

Bon Commine! en effet, c'est lui...

ACTE III, SCENE VII.

MARIE.

Qui l'a sauvé.
En exil par ses soins Nemours fut élevé.

LOUIS.

Excellent homme !

MARIE.

Alors, je l'aimai comme un frère ;
D'un avenir plus doux je flattai sa misère.

LOUIS.

Et Commine, pour toi, fier d'un tel avenir,
Au sang des Armagnacs un jour voulait t'unir ;
C'était d'un tendre père.

MARIE.

O moment plein de charmes !
Je vais donc lui parler, le voir, tarir ses larmes,
Partager son bonheur !

LOUIS.

Tu ne le verras pas.

MARIE.

Pourquoi ? si le hasard portait ici ses pas...

LOUIS.

Le hasard ?

MARIE.

Eh bien ! non ; je dois tout vous apprendre :
Sur un mot de sa main j'ai promis de l'attendre.

On soupçonne aisément quand on n'est pas heureux;
Surpris de mon absence et trompé dans ses vœux,
Que dira-t-il ?

LOUIS.

J'y songe, et me fais conscience
D'éveiller dans son cœur la moindre défiance.
Pauvre Nemours!... écoute : il se croit inconnu;
De le désabuser l'instant n'est pas venu.
Par d'importans motifs, qui nous font violence,
Ton père, ainsi que moi, nous gardons le silence;
Et l'instruisant trop tôt, tu le perds pour jamais.

MARIE.

Je me tairai.

LOUIS.

J'y compte, et tu me le promets
Devant la Vierge sainte, objet de tes hommages,
Qui bénit sur l'autel les heureux mariages.
Tu m'entends : ne va pas t'oublier un moment,
Elle me le dirait.

MARIE.

Non ; j'en fais le serment.

LOUIS.

(A part.)

C'est bien:Dieu l'a reçu.Nemours!..pour qu'il expire,

Un mot de moi suffit; un mot... dois-je le dire?
J'y vais penser. Tristan !
(A Marie.)
Je te laisse en ce lieu ;
(Il la baise sur le front.)
Mais la Vierge t'écoute. Adieu, ma fille, adieu !

SCÈNE VIII.

MARIE.

Qu'il m'est doux ce baiser, gage de sa clémence !
Mais, hélas ! cette joie inespérée, immense,
Qui m'attendrit, m'oppresse et voudrait s'épancher,
Elle inonde mon cœur, il faut la lui cacher.
Je le dois : en parlant je deviens sacrilége.
Sainte mère de Dieu, dont le nom me protége,
O vous dans mes chagrins mon céleste recours,
Dans ma joie aujourd'hui venez à mon secours ;
Rendez mes yeux muets et faites violence
A l'aveu qui déjà sur mes lèvres s'élance.
Prêt à s'en échapper qu'il meure avec ma voix.
Je tremble, je souris et je pleure à la fois.
Dieu ! que je suis heureuse ! il vient.

SCÈNE IX.

MARIE, NEMOURS.

MARIE.
Nemours!

NEMOURS.
Marie!

Je vous retrouve enfin !

MARIE.
Et dans votre patrie,

Sous ce beau ciel de France !

NEMOURS.
Il m'a vu tant souffrir.

MARIE.

Espérez !

NEMOURS.

Près de vous me verra-t-il mourir ?

MARIE.

Mourir ! ne craignez plus ; je sais, j'ai l'assurance
Que... non, je ne sais rien ; cependant l'espérance,
Comme un songe, à mes yeux sourit confusément,
Et d'un bonheur prochain j'ai le pressentiment.

ACTE III, SCENE IX.

NEMOURS.

Tendre sœur, pour mes maux toujours compatissante,
Mais plus belle!

MARIE.

Est-il vrai?

NEMOURS.

Plus belle encore!

MARIE.

Absente,
Vous me regrettiez donc, mon noble chevalier?
Car vous l'êtes toujours.

NEMOURS.

Qui? moi, vous oublier!
Le puis-je?

MARIE.

Quand mes mains cueillaient dans la rosée
L'offrande qu'à l'autel tantôt j'ai déposée,
La fleur que feuille à feuille interrogeaient mes doigts
M'a dit que vous m'aimiez, Nemours, et je la crois.

NEMOURS.

Emu par vos discours, je me comprends à peine :
Ce sentiment profond suspend jusqu'à ma haine.

MARIE.

Pourquoi haïr, Nemours? il est si doux d'aimer!

NEMOURS.

Pourquoi, grand Dieu!

MARIE.

Celui que vous allez nommer
Peut-être à la pitié n'est pas inaccessible,
Demain, dès ce jour même...

NEMOURS.

Eh bien?

MARIE.

Tout est possible;
Heureuse, je crois tout. Je ne puis rien prévoir,
Rien sentir, rien penser, sans m'enivrer d'espoir;
Et soit que Dieu m'éclaire, ou que l'amour m'inspire,
Je n'ai que du bonheur, Nemours, à vous prédire.

NEMOURS.

Hélas !

MARIE.

Vous souvient-il, ami, de ce beau jour
Où votre aveu m'apprit que vous m'aimiez d'amour?
C'était le soir.

NEMOURS.

Au pied d'une croix solitaire.

MARIE.

Mes yeux baissés comptaient les grains de mon ro-[saire,
Et j'écoutais pourtant.

NEMOURS.

Sur le bord du chemin,

Un vieillard qui pleurait vint nous tendre la main.

MARIE.

Il reçut notre aumône, et sa voix attendrie
Me dit que... je serais...

NEMOURS.

Ma compagne chérie,
Ma femme.

MARIE.

Il s'en souvient!

NEMOURS.

Ces biens que j'ai perdus,
J'espérais que pour vous ils me seraient rendus.
Je reviens; mais l'exil est toujours mon partage.
Des biens, je n'en ai plus, et dans mon héritage,
Sous le toit paternel, par la force envahis,
Je suis un étranger comme dans mon pays.

MARIE.

Votre exil peut finir.

NEMOURS.

En traversant la France,
Je visitai ces murs, berceau de mon enfance;
Morne et le cœur navré, j'entendis les roseaux
Murmurer tristement au pied de leurs créneaux.
Que de fois à ce bruit j'ai rêvé sous les hêtres,
Dont l'antique avenue ombragea mes ancêtres!

Le fer les a détruits ces témoins de mes jeux ;
Mon vieux manoir désert tombe et périt comme eux.
L'herbe croît dans ses cours ; les ronces et le lierre
Ferment aux pèlerins sa porte hospitalière.
Le portrait de mon père, arraché du lambris,
Etait là, dans un coin, gisant sur des débris.
Pas un des serviteurs dont il reçut l'hommage,
Et qui heurtent du pied sa vénérable image,
N'a de l'ancien seigneur reconnu l'héritier,
Hors le chien du logis, couché sous le foyer,
Qui regardant son maître avec un air de fête,
Pour me lécher les mains a relevé la tête.

MARIE.

Pourtant, si ce vieillard, par nos dons assisté,
Avait en nous parlant prédit la vérité ;
Si vous deviez un jour, dans votre ancien domaine,
Voir vos nombreux vassaux bénir leur châtelaine,
Baiser son voile blanc, se partager entre eux
Le bouquet nuptial tombé de ses cheveux ;
Si tous deux à genoux, là, dans cette chapelle,
Nous devions être unis par la Vierge immortelle !

NEMOURS.

O mon unique amie, ô vous que je revois,
Que peut-être j'entends pour la dernière fois,
Nous unis !... Sous ces nefs puisse ma fiancée

Ne pas suivre en pleurant ma dépouille glacée !
Une voix, dont mon cœur reconnaît les accens,
M'annonce mon destin : c'est la mort, je le sens.
Oui, je mourrai : je dois reposer avant l'âge,
Dans le funèbre enclos voisin de ce village.

MARIE.

Que dites-vous ?

NEMOURS.

Heureux, si debout sur le seuil,
Un prêtre n'y vient pas arrêter mon cercueil,
Et, comme à l'assassin banni de cette enceinte,
Ne m'y refuse pas et la terre et l'eau sainte !

MARIE.

A vous, Nemours, à vous ! jamais ce ciel natal,
Jamais ce doux pays ne vous sera fatal.
Apprenez que vos droits, vos biens... Vierge divine,
Pardonnez, je me tais. Moi causer sa ruine,
Moi qui mourrais pour lui !

NEMOURS.

Marie, expliquez-vous;
Parlez.

MARIE.

Je ne le puis : non, non, séparons-nous.
Par pitié pour vous-même, il faut que je vous quitte.
Ami, laissez-moi fuir : le trouble qui m'agite

Peut arracher un mot à ma bouche interdite;
Espérez, espérez!...On vient :
(Se retournant vers la chapelle.)
Je n'ai rien dit.

SCÈNE X.

LOUIS, NEMOURS, FRANÇOIS DE PAULE, OLI-VIER, TRISTAN, LE CARDINAL D'ALBY, DAM-MARTIN; PRÊTRES, CHEVALIERS FRANÇAIS ET BOURGUIGNONS.

NEMOURS, *sur le devant de la scène.*
Comme on croit aisément au bonheur qu'on désire;
Mais que son cœur s'abuse!
LOUIS, *qui tient à la main le papier que Nemours lui a remis.*

Ici, la haine expire :
Un roi devient clément, mon père, à vos genoux,
Et sous la croix du Dieu qui s'immola pour nous.
Quel pardon peut coûter après son sacrifice?
Le comte de Réthel m'a demandé justice :
Bien que de son message il se soit acquitté
Moins en sujet soumis qu'en vassal révolté,

Je préfère mon peuple au soin de ma vengeance.
J'approuve, j'ai signé ce traité d'alliance,
Et je vous le remets pour qu'il soit plus sacré
Au sortir de vos mains où nous l'aurons juré.

FRANÇOIS DE PAULE, *sur les degrés de la chapelle entre deux prêtres dont l'un tient une châsse d'argent, l'autre une croix.*

O mon fils, je suis simple et j'ai peu de lumières :
Je vis loin des palais; mais souvent les chaumières
M'apprennent par leur deuil que le plus beau succès
Rapporte moins aux rois qu'il ne coûte aux sujets.
Dieu l'inspire celui, qui, dépouillé de haine,
Rapproche les enfans de la famille humaine,
Ne veut voir qu'un lien dans son pouvoir sur eux,
Et dans l'humanité qu'un peuple à rendre heureux.
Rois, c'est votre devoir, et prêtres, nous le sommes
Non pas pour diviser, mais pour unir les hommes.
Par le double serment que mes mains vont bénir,
De la bouche et du cœur venez donc vous unir;
Des pactes d'ici-bas les arbitres suprêmes
En trahissant leur foi se trahissent eux-mêmes,
Et dans le livre ouvert au jour du jugement
Ils liront leur parjure écrit sous leur serment.

NEMOURS.

Le ciel qui voit mon cœur comprendra mon langage;

25.

Je parle au nom d'un autre, et c'est lui qui s'engage,
Se tient pour satisfait dans son honneur blessé,
Et devant l'Eternel jure oubli du passé.

LOUIS.

Le comte de Réthel pouvait sans se commettre
Prononcer le serment qu'il se borne à transmettre;
Je le reçois pourtant, et j'engage ma foi.
A Charles de Bourgogne, ici présent pour moi.
C'est de lui que j'entends oublier toute injure,
Et devant l'Eternel c'est à lui que je jure...

SCÈNE XI.

LES PRÉCÉDENS, LE DAUPHIN, DUNOIS, TORCY.

LE DAUPHIN, *s'élançant vers le roi.*

Mon père!

LOUIS.

Eh quoi! sans ordres!

LE DAUPHIN.

Un message important...
Pardonnez! mais la joie... il arrive à l'instant :
Charles, votre ennemi...

LOUIS.

Mon ennemi! Qu'entends-je?
Qui, lui, mon allié, mon frère!

ACTE III, SCENE XI.

LE DAUPHIN.

Dieu vous venge :
Il est vaincu.

LOUIS.

Comment?

LE DAUPHIN.

Vaincu devant Nancy.

NEMOURS.

Charle !

LOUIS.

En êtes-vous sûr?

LE DAUPHIN.

Les seigneurs de Torcy,
De Dunois et de Lude en ont eu la nouvelle.
Un de ses lieutenans a trahi sa querelle,
Il a causé sa perte.

LOUIS.

Ah ! le lâche !

NEMOURS.

Faux bruit,
Qu'un triomphe éclatant aura bientôt détruit!
Le duc Charle...

LE DAUPHIN.

Il est mort.

LOUIS.

La preuve ?

LE DAUPHIN, *lui remettant des dépêches.*

Lisez, sire;
La voici.

NEMOURS.

Vaincu, mort! non : quoi qu'on puisse écrire,
Moi, comte de Réthel, au péril de mes jours,
Je maintiens que c'est faux!

LOUIS.

C'est vrai, duc de Nemours.

LE DAUPHIN.

Nemours!

NEMOURS.

Je suis connu.

LOUIS.

C'est aussi vrai, parjure,
Qu'il l'est qu'envers ton Dieu coupable d'imposture,
Coupable envers ton roi de haute trahison,
Tu mentais à tous deux par ton titre et ton nom.
Le ciel dans sa justice a trompé ton attente.
Qu'on s'assure de lui.

NEMOURS, *tirant son épée.*

Malheur à qui le tente!
(Aux chevaliers de sa suite.)
Qu'on l'ose! A moi, Bourgogne!

LOUIS.

A moi! France!

ACTE III, SCENE XI.

FRANÇOIS DE PAULE, *saisissant la croix dans les mains d'un des prêtres et s'élançant entre les deux partis.*

Arrêtez,
Au nom du Dieu sauveur à qui vous insultez !

NEMOURS, *baissant son épée comme les autres chevaliers qui s'inclinent et restent immobiles.*

Ma fureur m'égarait, et ces preux que j'expose,
Vaincus sans me sauver, périraient pour ma cause.

(A sa suite.)

Arrière, chevaliers ! si Charle est triomphant,
La terreur de son nom mieux que vous me défend;
S'il n'est plus, mourant seul, je mourrai sans me
[plaindre.

(En jetant son épée aux pieds du roi.)

Pour venir jusqu'à toi, comme toi j'ai dû feindre ;
Je l'ai dû : je l'ai fait. Quel que fût mon dessein,
J'en rendrai compte à Dieu qui l'a mis dans mon sein.
Jette encore une proie aux bourreaux de mon père !
Il te manque un plaisir : je n'ai ni fils, ni frère,
Je n'ai pas un ami que tu puisses forcer
A recevoir vivant mon sang qu'ils vont verser.

LOUIS, *faisant signe à Tristan d'emmener Nemours.*

Aujourd'hui, grand prévôt, son procès, sa sentence;
Demain le reste.

(Nemours entouré de gardes sort avec Tristan ; les chevaliers bourguignons le suivent.)

SCÈNE XII.

LES PRÉCÉDENS, *excepté* NEMOURS *et* TRISTAN.

FRANÇOIS DE PAULE.

O roi ! j'implore ta clémence.

LOUIS.

A m'outrager ici que ne s'est-il borné !
Je pardonnerais tout; mais moi, le fils aîné,
Le soutien de l'Eglise, absoudre un sacrilége
Qui brave des autels le divin privilége,
Qui sans respect pour vous... Ah! je vous vengerai,
Ou le roi très-chrétien n'aurait rien de sacré !

FRANÇOIS DE PAULE.

Qu'au moins je le console !

LOUIS, *vivement*.

Oui, plus il est coupable
Et plus vous lui devez votre appui charitable;
Oui, pour sauver son ame, allez, suivez ses pas.

FRANÇOIS DE PAULE.

Et la vôtre, mon fils, n'y penserez-vous pas?

SCÈNE XIII.

LES PRÉCÉDENS, *excepté* FRANÇOIS DE PAULE.

LOUIS; *il regarde sortir François de Paule, puis avec un transport de joie, mais à voix basse :*
Montjoie et Saint-Denis! Dunois, à nous les chances!
Sur Péronne, au galop, cours avec six cents lances.
En Bourgogne, Torcy! Que le pays d'Artois,
Par ton fait, Baudricourt, soit France avant un mois.
A cheval, Dammartin! main basse sur la Flandre!
Guerre au brave; un pont d'or à qui voudra se vendre.
(Au cardinal d'Alby.)
Dans la nuit, cardinal, deux messages d'état :
Avec six mille écus, une lettre au légat;
Une autre, avec vingt mille, au pontife en personne.
(Aux chevaliers.)
Vous, prenez l'héritage avant qu'il me le donne :
En consacrant mes droits, il fera son devoir;
Mais prenons : ce qu'on tient, on est sûr de l'avoir.
La dépouille à nous tous, chevaliers; en campagne !
Et, par la Pâque-Dieu, des fiefs pour qui les gagne !
(Haut et se tournant vers l'assemblée.)
En brave qu'il était, le noble duc est mort,

Messieurs; ce fut hasard quand on nous vit d'accord.
Il m'a voulu du mal, et m'a fait à Péronne
Passer trois de ces nuits qu'avec peine on pardonne.
Mais tout ressentiment s'éteint sur un cercueil :
Il était mon cousin ; la cour prendra le deuil.

FIN DU TROISIÈME ACTE.

ACTE QUATRIÈME.

[La chambre à coucher du roi : deux portes latérales; un prie-dieu, et, au-dessus, une croix suspendue contre la muraille. Une fenêtre grillée; des rideaux à demi-fermés qui cachent un lit placé dans un enfoncement. Une cheminée et du feu.]

SCÈNE I.

NEMOURS, COITIER.

COITIER.
Entrez : j'avais besoin d'épancher ma tendresse;
Qu'enfin sur sa poitrine un vieil ami vous presse!

NEMOURS.
Bon Coitier!

COITIER.
De trois fils lui seul est donc resté;
Lui, l'enfant de mon cœur, qu'au berceau j'ai porté,

Que mes bras ont reçu des flancs qui l'ont fait naître!
Oui, voilà bien les traits, le regard de mon maître!

NEMOURS.

Je lui ressemble en tout; Coitier, j'aurai son sort.

COITIER.

Par le ciel tu vivras!... Excusez ce transport :
D'un ancien serviteur, j'ai l'ame et le langage,
Monseigneur.

NEMOURS, *lui serrant la main.*

Digne ami!

COITIER.

Ne perdez pas courage.

NEMOURS, *promenant ses regards autour de lui.*

Des verroux, des barreaux, encore une prison!

COITIER.

C'est la chambre du roi.

NEMOURS.

Quoi! ce triste donjon!

COITIER.

Voyez : un crucifix, un missel, des reliques,
Qu'ont usés dans ses mains ses baisers frénétiques;
(Lui montrant un poignard.)
Une arme qu'il veut voir et qu'il n'ose toucher;
Des rideaux où la peur vient encor le chercher.
Sous leurs plis redoublés en vain il se retire;

Le remords l'y poursuit; un bras hideux les tire,
S'applique sur son cœur, et ce lit douloureux,
Nemours, est le vengeur de bien des malheureux.
Il doit vous voir ici.

NEMOURS.

Qu'entends-je?

COITIER.

Avant une heure,
Il nous y rejoindra.

NEMOURS.

Comment, seul?

COITIER.

Que je meure,
S'il n'amène avec lui, pour veiller sur ses jours,
La meute d'Ecossais qu'en laisse il tient toujours !
Il pouvait cependant s'épargner les alarmes ;
Tristan n'était pas homme à vous laisser des armes.
Comme il suivait de l'œil vos moindres mouvemens,
Quand ses doigts exercés touchaient vos vêtemens !
Comme il lisait du roi l'ordre et la signature !
Il est geôlier dans l'ame et bourreau par nature.

NEMOURS.

L'infâme !

COITIER.

Quel courroux dans son regard altier,

Lorsqu'il vit avec moi sortir son prisonnier!
Sa figure a pâli, par la rage altérée.
On eût dit un limier, les yeux sur la curée,
Quand un piqueur du roi, le coutelas en main,
Vient ravir sous ses dents un lambeau du festin.

NEMOURS.

Me voir, moi, dans ce lieu!

COITIER.

C'est celui qu'il préfère
Pour peu qu'un entretien exige du mystère.
Votre prison d'ailleurs ne l'aurait pas tenté.
Le frisson dévorant dont il est agité
S'accommoderait mal de l'horreur qu'elle inspire
Et des froides vapeurs qu'un malade y respire.

NEMOURS.

Que me veut-il?

COITIER.

Avant de vous le déclarer,
C'est moi qu'il a choisi pour vous y préparer.

NEMOURS.

Mais qui m'a pu trahir? l'a-t-il dit?

COITIER.

Je l'ignore.
Commine est innocent : sa disgrâce l'honore.

Le maître, à son retour, ne l'a pas ménagé;
Vrai Dieu! quelle fureur!

NEMOURS, *vivement*.

Sur lui s'est-il vengé?

COITIER.

En paroles; la paix sera facile à faire :
On est bientôt absous quand on est nécessaire.
Soyez-le donc.

NEMOURS.

Qui, moi!

COITIER.

Vous le rendrez clément :
S'il condamne sans peine, il pardonne aisément.

NEMOURS.

Lui!

COITIER.

La douleur dit vrai : je dois donc le connaître.
Peu d'hommes sont méchans pour le plaisir de l'être.
Pas un, hormis Tristan; l'intérêt ici-bas,
Et non l'instinct du mal, fait les grands scélérats.
Instruit de votre sort, j'ai couru vous défendre.
D'abord votre ennemi ne voulait pas m'entendre;
Mais la douleur l'abat, et j'en ai profité,
Car vous étiez perdu, s'il se fût bien porté.
J'ai l'art d'apprivoiser son humeur irascible,

Nemours; j'ai mis le doigt sur la fibre sensible :
La Bourgogne est son rêve, il la veut en vieillard;
Désir de moribond n'admet point de retard.
J'ai dit que vous pouviez hâter cette conquête.

NEMOURS.

Vous, Coitier !

COITIER.

Médecin, je n'agis qu'à ma tête.
Le peuple croit en vous; cher à ses magistrats,
Vous avez leur estime et l'amour des soldats;
Vos amis dans leurs mains tiennent les forteresses;
Vous pouvez donc beaucoup par l'or ou les promes-
[ses,
Soit pour gagner les cœurs aux états assemblés,
Soit au pied d'un château pour en avoir les clés.
Agissez; c'est un mal, j'y répugne moi-même;
Mais l'extrême péril veut un remède extrême.
Vous vivez, en un mot, si vous obéissez,
Sinon, vous êtes mort; j'ai tout dit : choisissez.

NEMOURS.

Moi, de mon protecteur dépouiller l'héritière,
Pour qui ? pour le bourreau de ma famille entière.

COITIER.

Nemours, mon noble maître, accepte par pitié!
Si c'est un tort, eh bien ! j'en prendrai la moitié.

ACTE IV, SCENE I.

Comme autrefois ma part dans cette coupe amère
Que je t'ai vu, mourant, refuser de ta mère.
Ta bouche, après la mienne, osa s'en approcher ;
La vie était au fond et tu vins l'y chercher.
Nemours, je te sauvai : que je te sauve encore !
Ce sont tes droits, tes jours, ta grâce que j'implore,
Moi, ton vieux serviteur, moi qui venais jadis
Me pencher sur ta couche en te nommant mon fils !
Oui, mon fils, oui, c'est moi qui demande ta grâce,
La mienne, et je l'attends à tes pieds que j'embrasse.

NEMOURS.

Jamais : plutôt mourir !

COITIER.

Tu le veux ?

NEMOURS.

Je le doi.

COITIER, *qui va ouvrir la porte de son appartement.*
Regarde : ce cachot, c'est mon asile à moi ;
Mais tout l'or que prodigue un tyran qui succombe
M'eût-il à son cadavre attaché dans sa tombe ?
Non ; si pour m'y résoudre il ne m'eût assuré
Le droit qu'il avait seul d'en sortir à son gré.
Mon malade céda ; mes soins, c'était sa vie.
Tiens, reçois-la de moi cette clé qu'on m'envie :

Quand j'obtins ce trésor, il me sembla moins doux,
C'était ma liberté ; c'est la tienne.

NEMOURS.

Mais vous,
Coitier, je vous expose.

COITIER.

Il souffre.

NEMOURS.

Sa colère...

COITIER.

Il souffre; ne crains rien. Que ce flambeau t'éclaire;
Prends cette arme; descends : un passage voûté,
Une porte, et le ciel, les champs, la liberté!
La liberté, mon fils!

NEMOURS, *qui a saisi le poignard.*

Oui, cette arme... j'espère...
J'accepte.

COITIER, *lui tendant les bras.*

Encor, Nemours, encor!... ton digne père
M'a donc laissé des pleurs!... Je crains le roi, va, fuis;
Je cours en l'abordant l'arrêter, si je puis.

SCÈNE II.

NEMOURS, *qui revient sur le devant de la scène, après avoir fermé la porte de l'appartement de Coitier.*

Non pas la liberté, Coitier, mais la vengeance !
(Élevant le poignard.)
La voilà, je la tiens ; il est en ma puissance.
Aucun autre que toi ne m'a vu dans ce lieu ;
Tu m'en crois déjà loin ; mais j'y reste avec Dieu,
L'inexorable Dieu, qui veut que je demeure
Pour qu'il tombe à mes pieds, qu'il s'y roule, qu'il
[meure.
(Faisant un pas vers le lit.)
Là mon père ; oui, c'est là ! mes deux frères et toi,
Vous ouvrez ces rideaux pour les fermer sur moi ;
Faites qu'à ses regards votre vengeur échappe ;
Je serai patient, pourvu que je le frappe.
Qu'il soit seul, et mon bras, là, dans son lit royal,
Va consommer d'un coup ce meurtre filial.
(Il va écouter à la porte.)
Aucun bruit ! mon cœur bat... C'est une horrible joie
Que celle d'un bourreau qui va saisir sa proie !

Horrible!... C'est la mienne : elle oppresse mon sein,
Que de courage il faut pour être un assassin!
<small>(Il tombe dans un fauteuil et se relevant tout à coup.)</small>
Mais ne le fût-il pas? Supplices pour supplices!
De tes douleurs, mon père, il a fait ses délices;
Ton sang, j'en suis couvert; il coule; c'est ton sang
Qui tombe sur mon front et s'y glace en passant.
Allons! mourant qu'il est, il faut que je l'achève :
Ce sommeil qui le fuit, il va l'avoir sans rêve,
Sans terreur, sans remords; mais sous le coup mortel,
Et pour ne s'éveiller que devant l'Eternel.
On vient.
<small>(Il s'élance derrière les rideaux.)</small>

SCÈNE III.

LOUIS, COITIER, COMMINE, MARIE, TRISTAN,
ÉCOSSAIS, SUITE DU ROI.

COITIER.

Pourquoi rentrer, sire? Il fallait me croire;
L'air vous eût soulagé.

LOUIS.

Triste nuit, qu'elle est noire!
Qu'elle est froide! je tremble.

ACTE IV, SCÈNE III.

(Bas à Coitier, en lui montrant sa chambre.)

Il est là, ce Nemours?

COITIER.

Vous souffrez donc?

LOUIS.

Partout.

COITIER.

Depuis long-temps?

LOUIS.

Toujours.
Je n'ai plus de repos; l'air me glace ou me pèse.
Quelle angoisse!... et toujours! et rien, rien ne l'apaise!
(Bas.)
Mais Nemours, qu'a-t-il dit?

COITIER, *le conduisant vers la cheminée.*

Tenez, ranimez-vous.

LOUIS, *avec joie.*

Du feu!

MARIE, *qui le fait asseoir.*

Placez-vous là.

LOUIS, *se chauffant.*

Le soleil est moins doux.
Ah! le feu, c'est la vie!

MARIE.

On doit au monastère
Veiller, prier pour vous, et par un jeûne austère

Obtenir que ce mal ne vous tourmente plus,
Et que ce vent du nord tombe avant l'Angélus.

LOUIS, *la regardant.*

Tu réjouis mes yeux : que cette fleur de l'âge,
Que la jeunesse est belle !... Allons, souris.

COMMINE, *bas, à sa fille.*

Courage !
Souris, ma fille !

MARIE, *en pleurant.*

Hélas ! je le voudrais.

LOUIS.

Des pleurs !
Tu m'attristes ; va-t-en, ou calme tes douleurs ;
Je puis tout réparer.

MARIE.

Se peut-il ?

LOUIS.

Oui, ma fille,
Si Nemours...

COITIER, *au roi.*

Regardez comme ce feu pétille !

LOUIS.

Jusqu'au fond de mes os je le sens pénétrer.
Mes pauvres doigts roidis ont peine à l'endurer ;
Que je l'aime ! il me brûle, et pourtant je frissonne.

ACTE IV, SCENE III.

COITIER.

Suivez donc une fois les conseils qu'on vous donne :
(S'avançant vers le lit.)
Venez vous reposer.

LOUIS.

Non, Coitier, je veux voir
Le saint qui doit ici m'entretenir ce soir;
(A Tristan.)
Nemours, surtout Nemours. Va le chercher, qu'il [vienne.

TRISTAN.

Il n'est plus sous ma garde.

LOUIS, *à Coitier.*

Il était sous la tienne.

TRISTAN.

A mon grand désespoir : son arrêt prononcé,
Je tenais à finir ce que j'ai commencé.

MARIE, *à son père.*

Dieu!

COMMINE, *bas.*

Tais-toi!

LOUIS, *à Coitier.*

Dans ce lieu tu devais le conduire.

COITIER.

Et je ne l'ai pas fait, n'ayant pu le séduire.

LOUIS.

Je l'aurais pu, moi.

COITIER.
Non.

LOUIS.
Non?

COITIER.
Il vous eût bravé,
Vous l'auriez mis à mort...

LOUIS.
Eh bien?

COITIER.
Je l'ai sauvé.

MARIE.
Sauvé !

LOUIS, *à Coitier.*
Toi!

COITIER.
Le captif est hors de votre atteinte.
Lorsque ses chevaliers ont quitté cette enceinte,
Il était dans leurs rangs, et je l'ai vu passer
Le pont que devant eux votre ordre a fait baisser.

LOUIS.
Misérable! et tu peux affronter ma vengeance!
(A Tristan.)
Mais il a donc aussi trompé ta vigilance?
Vous me trahissez tous. Quel chemin a-t-il pris?

ACTE IV, SCENE III.

Où le chercher ? Va, cours ; je mets sa tête à prix ;
Cours, Tristan !

TRISTAN.

Dans la nuit, sans indices !

LOUIS.

Qu'importe ?
Il faut qu'on me l'amène ou qu'on me le rapporte.

MARIE.

Non, par pitié pour moi qui livrai son secret,
Pour moi qui l'ai perdu ! non : Dieu vous punirait.
Pardon ; Dieu vous entend : qu'à votre heure dernière
Il accueille vos vœux comme vous ma prière ;
Pardon !...

LOUIS, *à Commine.*

Emmenez-la.

COMMINE, *entraînant Marie.*

Viens, ma fille !

LOUIS, *en montrant Coitier.*

Pour lui,
Ce traître, dès demain...

COITIER.

Frappez dès aujourd'hui ;
Mais de vos maux, après, cherchez qui vous délivre :
Je ne vous donne pas une semaine à vivre.

LOUIS. [veux,

Eh bien !...je mourrai donc ; mais j'entends, mais je

(A sa suite.)
Je... sortez.
(A Coitier.)
Reste ici.
(Il se jette sur un siège.)
Je suis bien malheureux !
(Tout le monde sort, excepté Coitier.)

SCÈNE IV.

LOUIS, COITIER.

LOUIS.

Ne crois pas éviter le sort que tu mérites :
Tu l'auras ; mes tourmens, c'est toi qui les irrites.
A braver ma fureur leur excès t'enhardit ;
Mais je t'écraserai.

COITIER, *froidement.*

Vous l'avez déjà dit,
Sire, faites-le donc.

LOUIS.

Certes, je vais le faire.
Ton faux savoir n'est bon qu'à tromper le vulgaire.
Ton art ! j'en ris ; tes soins ! que me font-ils, tes soins ?
Rien. Je m'en passerai ; je n'en vivrai pas moins.

Je veux : ma volonté suffit pour que je vive ;
Je le sens, j'en suis sûr.

COITIER.

Alors, quoi qu'il arrive,
Essayez-en.

LOUIS.

Oui, traître, oui, le saint que j'attends
Peut réparer d'un mot les ravages du temps.
Il va ressusciter cette force abattue ;
Son souffle emportera la douleur qui me tue.

COITIER.

Qu'il se hâte.

LOUIS.

Pour toi, privé de jour et d'air,
Captif, le corps plié sous un réseau de fer,
Tu verras, à travers les barreaux de ta cage,
Ma jeunesse nouvelle insulter à ta rage.

COITIER.

D'accord.

LOUIS.

Tu le verras.

COITIER.

Sans doute.

LOUIS, *avec émotion*.

Faux ami,

M'as-tu trouvé pour toi généreux à demi?
Va, tu n'es qu'un ingrat!

COITIER.

Ce fut pour ne pas l'être
Que je sauvai Nemours.

LOUIS.

L'assassin de ton maître;
Lui qui voulait ma perte!

COITIER.

En chevalier : son bras
Combat, quand il se venge, et n'assassine pas.
Je devais tout au père, et me tiendrais infâme,
Si ses bienfaits passés ne vivaient dans mon ame.

LOUIS.

Mais les miens sont présens, et tu trahis les miens;
Tu le trompes, ce roi qui t'a comblé de biens.
De quel prix n'ai-je pas récompensé tes peines?
De l'or, je t'en accable et tes mains en sont pleines.
Je donne sans compter, comme un autre promet :
Nemours, pour être aimé, fit-il plus?

COITIER.

Il m'aimait.
Vous, quels sont-ils vos droits à ma reconnaissance?
Dieu merci! nous traitons de puissance à puissance;
L'un pour l'autre une fois n'ayons point de secret :

ACTE IV, SCENE IV.

Vous donnez par terreur, je prends par intérêt.
En consumant ma vie à prolonger la vôtre,
J'en cède une moitié, pour mieux jouir de l'autre.
Je vends et vous payez; ce n'est plus qu'un contrat :
Où le cœur n'est pour rien, personne n'est ingrat.
Les rois avec de l'or pensent que tout s'achète;
Mais un don qu'on vous doit, un bienfait qu'on vous
[jette,
Laissent votre ame à l'aise avec le bienfaiteur.
On paie un courtisan, on paie un serviteur;
Un ami, sire, on l'aime; et n'eût-il pour salaire
Qu'un regard attendri quand il a pu vous plaire,
Qu'un mot sorti du cœur quand il vous tend les bras,
Il aime, il est à vous, mais il ne se vend pas :
Comme on se donne à lui, sans partage il se donne,
Et, parjure à l'honneur lorsqu'il vous abandonne :
S'il vous regarde en face après avoir failli,
On a droit de lui dire : Ingrat, tu m'as trahi!

LOUIS, *d'une voix caressante.*

Eh bien! mon bon Coitier, je t'aimerai, je t'aime.

COITIER.

Pour vous.

LOUIS.

Sans intérêt. Ma souffrance est extrême,
J'en conviens; mais le saint peut me guérir demain.

C'est donc par amitié que je te tends la main :
De tels nœuds sont trop doux pour que rien les dé-
[truise.

SCÈNE V.

LE PRÉCÉDENS, OLIVIER, *puis* FRANÇOIS DE PAULE.

OLIVIER.

Sire, François de Paule attend qu'on l'introduise.

LOUIS.

(Montrant Coitier.)

Entrez. Voyez, mon père, il a bravé son roi,
Et je lui pardonnais. Coitier, rentre chez toi.

(En le conduisant jusqu'à son appartement.)

Sur la foi d'un ami, dors d'un sommeil tranquille.

(Après avoir fermé la porte sur lui.)

Ah ! traître, si jamais tu deviens inutile !...

(Il fait signe à Olivier de sortir.)

SCÈNE VI.

LOUIS, FRANÇOIS DE PAULE.

LOUIS.

Nous voilà sans témoins.

FRANÇOIS DE PAULE.

    Que voulez-vous de moi?

LOUIS, *prosterné.*

Je tremble à vos genoux d'espérance et d'effroi.

FRANÇOIS DE PAULE.

Relevez-vous, mon fils!

LOUIS.

    J'y reste pour attendre
La faveur qui sur moi de vos mains va descendre,
Et veux, courbant mon front à la terre attaché,
Baiser jusqu'à la place où vos pas ont touché.

FRANÇOIS DE PAULE.

Devant sa créature, en me rendant hommage,
Ne prosternez pas Dieu dans sa royale image;
Prince, relevez-vous.

LOUIS, *debout.*

    J'espère un bien si grand!
Comment m'abaisser trop, saint homme, en l'implo-

FRANÇOIS DE PAULE.   [rant?

Que puis-je?

LOUIS.

Tout, mon père; oui, tout vous est possible:
Vous réchauffez d'un souffle une chair insensible.

FRANÇOIS DE PAULE.

Moi!

LOUIS.

Vous dites aux morts : Sortez de vos tombeaux !
Ils en sortent.

FRANÇOIS DE PAULE.

Qui, moi !

LOUIS.

Vous dites à nos maux :
Guérissez !...

FRANÇOIS DE PAULE.

Moi, mon fils !

LOUIS.

Soudain nos maux guérissent.
Que votre voix l'ordonne, et les cieux s'éclaircissent;
Le vent gronde ou s'apaise à son commandement;
La foudre qui tombait remonte au firmament.
O vous, qui dans les airs retenez la rosée,
Ou versez sa fraîcheur à la plante épuisée,
Faites d'un corps vieilli reverdir la vigueur.
Voyez, je suis mourant, ranimez ma langueur :
Tendez vers moi les bras; touchez ces traits livides,
Et vos mains, en passant, vont effacer mes rides.

FRANÇOIS DE PAULE.

Que me demandez-vous, mon fils? vous m'étonnez.
Suis-je l'égal de Dieu ? c'est vous qui m'apprenez

Que je vais par le monde en rendant des oracles,
Et qu'en ouvrant mes mains je sème les miracles.

LOUIS.

Au moins dix ans, mon père! accordez-moi dix ans,
Et je vous comblerai d'honneurs et de présens.
Tenez, de tous les saints je porte ici les restes;
Si j'obtiens ces... vingt ans par vos secours célestes,
Rome, qui peut presser les rangs des bienheureux,
Près d'eux vous placera, que dis-je? au-dessus d'eux.
Je veux sous votre nom fonder des basiliques,
Je veux de jaspe et d'or surcharger vos reliques;
Mais vingt ans, c'est trop peu pour tant d'or et d'en-
[cens.
Non : un miracle entier! De mes jours renaissans
Que la clarté sitôt ne me soit pas ravie;
Un miracle! la vie! ah! prolongez ma vie!

FRANÇOIS DE PAULE.

Dieu n'a pas mis son œuvre au pouvoir d'un mortel.
Vous seul, quand tout périt, vous seriez éternel!
Roi, Dieu ne le veut pas. Sa faible créature
Ne peut changer pour vous l'ordre de la nature.
Ce qui grandit décroît, ce qui naît se détruit,
L'homme avec son ouvrage, et l'arbre avec son fruit.
Tout produit pour le temps : c'est la loi de ce monde,
Et pour l'éternité la mort seule est féconde.

LOUIS.

Je me lasse à la fin : moine, fais ton devoir :
Exerce en ma faveur ton merveilleux pouvoir,
Ou j'aurai, s'il le faut, recours à la contrainte.
Je suis roi : sur mon front j'ai reçu l'huile sainte...
Ah! pardon! mais aux rois, mais aux fronts couronnés
Ne devez-vous pas plus qu'à ces infortunés,
Ces affligés obscurs, que, sans votre prière,
Dieu n'eût pas de si haut cherchés dans leur poussiè-
[re?]
FRANÇOIS DE PAULE.

Les rois et les sujets sont égaux devant lui :
Comme à tous ses enfans il vous doit son appui;
Mais ces secours divins que votre voix réclame,
Plus juste envers vous-même, invoquez-les pour l'a-
[me.
LOUIS, *vivement.*

Non, c'est trop à la fois : demandons pour le corps;
L'ame, j'y songerai.

FRANÇOIS DE PAULE.

Roi, ce sont vos remords,
C'est cette plaie ardente et par le crime ouverte
Qui traîne lentement votre corps à sa perte.

LOUIS.

Les prêtres m'ont absous.

FRANÇOIS DE PAULE.

Vain espoir! vous sentez

Peser sur vos douleurs trente ans d'iniquités.
Confessez votre honte, exposez vos blessures :
Qu'un repentir sincère en lave les souillures.

LOUIS.

Je guérirai ?

FRANÇOIS DE PAULE.

Peut-être.

LOUIS.

Oui, vous le promettez :
Je vais tout dire.

FRANÇOIS DE PAULE.

A moi ?

LOUIS.

Je le veux : écoutez.

FRANÇOIS DE PAULE, *qui s'assied, tandis que le roi reste debout les mains jointes.*

Pêcheur, qui m'appelez à ce saint ministère,
Parlez donc.

LOUIS, *après avoir dit mentalement son Confiteor.*

Je ne puis et je n'ose me taire.

FRANÇOIS DE PAULE.

Qu'avez-vous fait ?

LOUIS.

L'effroi qu'il conçut du dauphin
Fit mourir le feu roi de langueur et de faim.

FRANÇOIS DE PAULE.

Un fils a de son père abrégé la vieillesse !

LOUIS.

Le dauphin... c'était moi.

FRANÇOIS DE PAULE.

Vous !

LOUIS.

Mais tant de faiblesse
Perdait tout, livrait tout aux mains d'un favori :
La France périssait, si le roi n'eût péri.
Les intérêts d'état sont des raisons si hautes...

FRANÇOIS DE PAULE.

Confessez, mauvais fils, n'excusez pas vos fautes !

LOUIS.

J'avais un frère.

FRANÇOIS DE PAULE.

Eh bien ?

LOUIS.

Qui fut... empoisonné.

FRANÇOIS DE PAULE.

Le fut-il par votre ordre ?

LOUIS.

Ils l'ont tous soupçonné.

FRANÇOIS DE PAULE.

Dieu !

LOUIS.

Si ceux qui l'ont dit tombaient en ma puissance!..

FRANÇOIS DE PAULE.

Est-ce vrai ?

LOUIS.

Du cercueil son spectre qui s'élance
Peut seul m'en accuser avec impunité.

FRANÇOIS DE PAULE.

C'est donc vrai?

LOUIS.

Mais le traître, il l'avait mérité.

FRANÇOIS DE PAULE, *se levant.*

Et contre ses remords ton cœur cherche un refuge !
Tremble ! j'étais ton frère et je deviens ton juge.
Ecrasé sous ta faute au pied du tribunal,
Baisse donc maintenant, courbe ton front royal.
Rentre dans le néant, majesté périssable !
Je ne vois plus le roi, j'écoute le coupable.
Fratricide, à genoux !

LOUIS, *tombant à genoux.*

Je frémis !

FRANÇOIS DE PAULE.

Repens-toi.

LOUIS, *se traînant jusqu'à lui et s'attachant à ses*
habits.

C'est ma faute, ma faute, ayez pitié de moi !

En frappant ma poitrine, à genoux je déplore,
Sans y chercher d'excuse, un autre crime encore.

FRANÇOIS DE PAULE, *qui retombe assis.*

Ce n'est pas tout?

LOUIS.

Nemours!... il avait conspiré :
Mais sa mort... son forfait du moins est avéré.
Mais sous son échafaud ses enfans dont les larmes...
Trois fois contre son maître il avait pris les armes.
Sa vie, en s'échappant, a rejailli sur eux.

(En se relevant.)

C'était juste.

FRANÇOIS DE PAULE, *le rejetant à genoux.*

Ah! cruel!

LOUIS.

Juste, mais rigoureux;
J'en conviens : j'ai puni..non, j'ai commis des crimes.
Dans l'air le nœud fatal étouffa mes victimes;
L'acier les déchira dans un puits meurtrier;
L'onde fut mon bourreau, la terre mon geôlier :
Des captifs que ces tours couvrent de leurs murailles
Gémissent oubliés au fond de ses entrailles.

FRANÇOIS DE PAULE.

Ah! puisqu'il est des maux que tu peux réparer,
Viens!

ACTE IV, SCENE VI.

LOUIS, *debout.*

Où donc ?

FRANÇOIS DE PAULE.

Ces captifs, allons les délivrer.

LOUIS.

L'intérêt le défend.

FRANÇOIS DE PAULE, *aux pieds du roi.*

La charité l'ordonne :
Viens, viens sauver ton ame.

LOUIS.

En risquant ma couronne :
Roi, je ne le peux pas.

FRANÇOIS DE PAULE.

Mais tu le dois, chrétien.

LOUIS.

Je me suis repenti, c'est assez.

FRANÇOIS DE PAULE, *se relevant.*

Ce n'est rien.

LOUIS.

N'ai-je pas de mes torts fait un aveu sincère ?

FRANÇOIS DE PAULE.

Ils ne s'effacent pas tant qu'on y persévère.

LOUIS.

L'Eglise a des pardons qu'un roi peut acheter.

FRANÇOIS DE PAULE.

Dieu ne vend pas les siens : il faut les mériter.

LOUIS, *avec désespoir.*

Ils me sont dévolus, et par droit de misère !
Ah ! si dans mes tourmens vous descendiez, mon père,
Je vous arracherais des larmes de pitié !
Les angoisses du corps n'en sont qu'une moitié,
Poignante, intolérable, et la moindre peut-être.
Je ne me plais qu'aux lieux où je ne puis pas être.
En vain je sors de moi : fils rebelle jadis,
Je me vois dans mon père et me crains dans mon fils.
Je n'ai pas un ami : je hais ou je méprise ;
L'effroi me tord le cœur sans jamais lâcher prise.
Il n'est point de retraite où j'échappe aux remords ;
Je veux fuir les vivans, je suis avec les morts.
Ce sont des jours affreux ; j'ai des nuits plus terribles :
L'ombre pour m'abuser prend des formes visibles ;
Le silence me parle, et mon Sauveur me dit,
Quand je viens le prier : Que me veux-tu, maudit ?
Un démon, si je dors, s'assied sur ma poitrine.
Je l'écarte ; un fer nu s'y plonge et m'assassine.
Je me lève éperdu ; des flots de sang humain
Viennent battre ma couche, elle y nage, et ma main,
Que penche sur leur gouffre une main qui la glace,
Sent des lambeaux hideux monter à leur surface.

ACTE IV, SCENE VI.

FRANÇOIS DE PAULE.

Malheureux, que dis-tu ?

LOUIS.

Vous frémissez : eh bien !
Mes veilles, les voilà ! ce sommeil, c'est le mien ;
C'est ma vie, et mourant, j'en ai soif, je veux vivre ;
Et ce calice amer, dont le poison m'enivre,
De toutes mes douleurs cet horrible aliment,
La peur de l'épuiser est mon plus grand tourment !

FRANÇOIS DE PAULE.

Viens donc, en essayant du pardon des injures,
Viens de ton agonie apaiser les tortures.
Un acte de bonté te rendra le sommeil,
Et quelques voix du moins béniront ton réveil.
N'hésite pas.

LOUIS.

Plus tard !

FRANÇOIS DE PAULE.

Dieu voudra-t-il attendre ?

LOUIS.

Demain !

FRANÇOIS DE PAULE.

Mais dès demain la mort peut te surprendre,
Ce soir, dans un instant.

LOUIS.

      Je suis bien enfermé,
Bien défendu.

FRANÇOIS DE PAULE.

   L'est-on quand on n'est pas aimé ?
(En l'entraînant.)
Ah ! viens.

LOUIS, *qui le repousse.*

Non, laissez-moi du temps pour m'y résoudre.

FRANÇOIS DE PAULE.

Adieu donc, meurtrier, je ne saurais t'absoudre.

LOUIS, *avec terreur.*

Quoi ! me condamnez-vous ?

FRANÇOIS DE PAULE.

      Dieu peut tout pardonner :
Lorsqu'il hésite encor, dois-je te condamner ?
Mais profite, ô mon fils, du répit qu'il t'accorde :
Pleure, conjure, obtiens de sa miséricorde
Qu'enfin ton cœur brisé s'ouvre à ces malheureux.
Pardonne, et que le jour recommence pour eux.
Quand tu voulais fléchir la céleste vengeance,
Du sein de leurs cachots, du fond de leur souffrance,
A ta voix qu'ils couvraient leurs cris ont répondu ;
Fais-les taire, et de Dieu tu seras entendu.

SCÈNE VII.

LOUIS, *pendant que François de Paule s'éloigne.*

Mon père!... il m'abandonne et se croit charitable.
Cédons : non, c'est faiblesse.

(François de Paule, qui s'est arrêté un moment, sort à ces mots.)

O doute insupportable!
Qui me tendra la main dans l'abîme où je suis?
Prions, puisqu'il le veut, et pleurons, si je puis.

(Il s'agenouille sur son prie-dieu, place son chapeau devant lui, et s'adressant à une des vierges de plomb qui y sont attachées.)

Notre-Dame d'Embrun, tu sais, vierge adorable,
Qu'à bonne intention je reste inexorable.
    A Dieu fais comprendre aujourd'hui
    Que, pour son plus grand avantage,
    Je dois conserver sans partage
    Un pouvoir qui me vient de lui.
La justice des rois veut être satisfaite ;
Ils ont, en punissant, droit à votre merci :
    Que votre volonté soit faite,
    Dieu clément, et la mienne aussi !

SCÈNE VIII.

LOUIS, NEMOURS.

NEMOURS, *qui a entr'ouvert les rideaux, et qui reste immobile, le poignard à la main.*
Mon père, il vous laissa finir votre prière.
(Ici le hautbois fait entendre dans le lointain quelques mesures de la ronde que les paysans ont dansée.)

LOUIS, *se levant, après avoir fait le signe de la croix.*
Qu'entends-je ?

(Il s'approche de la fenêtre.)

Après la danse, au fond de sa chaumière
Le plus pauvre d'entre eux va rentrer en chantant;
Ah! l'heureux misérable! un doux sommeil l'attend;
Il va dormir, et moi...

(Le roi se retourne, et se trouve vis-à-vis de Nemours, qui s'élance sur lui.)

Que vois-je, ô ciel!

NEMOURS.

Silence!

LOUIS.

Je me tais.

NEMOURS.

Pas un cri!

LOUIS.

Non.

NEMOURS.

Par leur vigilance
Es-tu bien défendu?

LOUIS.

Nemours, je t'appartiens.

NEMOURS.

Qui veut risquer ses jours est donc maître des tiens?

LOUIS.

Que veux-tu?

NEMOURS.

Te punir.

LOUIS.

Juge-moi sans colère.

NEMOURS.

Je ne suis pas ton juge.

LOUIS.

Eh! qui l'est donc?

NEMOURS.

Mon père.

LOUIS.

Toi.

NEMOURS.

Mon père.

LOUIS.
Toi seul.

NEMOURS.
Mon père.

LOUIS.
Il me tuerait.

NEMOURS.
Tu viens de te juger.

LOUIS.
N'accomplis pas l'arrêt;
Sois clément.

NEMOURS.
Je suis juste.

LOUIS.
Ecoute ma prière.

NEMOURS.
Rappelle-toi la sienne et sa lettre dernière.

LOUIS.
Je n'en ai pas reçu.

NEMOURS.
Cet écrit déchirant
Que tu lui renvoyas...

LOUIS.
Moi, Nemours!

ACTE IV, SCENE VIII.

NEMOURS.

Qu'en mourant
Il portait sur son cœur, c'est tout mon héritage ;
Le voilà : contre toi qu'il rende témoignage ;
Imposteur, le voilà : regarde, lis.

LOUIS.

Pitié !

NEMOURS.

Lis, lis sous ce poignard, si tu l'as oublié.

LOUIS.

Je ne puis.

NEMOURS.

Sous le glaive il pouvait bien écrire :
Lis comme il écrivait.

LOUIS.

Non : je ne puis, j'expire.
Ce poignard, que j'écarte et dont tu me poursuis,
Il m'éblouit, m'aveugle ; oh ! non, non, je ne puis.

NEMOURS.

Il faut l'entendre au moins.

LOUIS.

Miséricorde !

NEMOURS.

Ecoute :
Tu répondras.

(Il lit)

* « Mon très-redouté et souverain seigneur, tant et si humblement
» que faire je peux, me recommande à votre grâce et miséricorde. »

Eh bien ?

LOUIS.

Je fus cruel sans doute ;
Mais je veux à ton père, à toi, Nemours, aux tiens
Faire amende honorable en te rendant tes biens.
Je veux tout expier, mets mon cœur à l'épreuve,
Et de mon repentir mes dons seront la preuve.

NEMOURS.

Ecoute :

(Il lit.)

« Je vous servirai si bien et si loyalement que vous connaîtrez que
» je suis vrai repentant, et qu'à force de bien faire je veux amender
» mes défauts. »

Eh bien ?

LOUIS.

Mon fils ! il a besoin d'appui :
Ah ! laisse-lui son père.

NEMOURS.

Ecoute :

(Il lit.)

« Faites-moi grâce et à mes pauvres enfans ! Ne souffrez pas que
« pour mes péchés je meure à honte et à confusion, et qu'ils vivent en

---

* Dernière lettre de Jacques d'Armagnac, duc de Nemours, à Louis XI.

ACTE IV, SCENE VIII.

« deshonneur et à quérir leur pain. Pour Dieu, sire, ayez pitié de moi
« et de mes pauvres enfans! »

Réponds-lui :
Qu'as-tu fait pour ses fils?

LOUIS.

Sur l'honneur je m'engage
A te livrer Tristan dont vos maux sont l'ouvrage.

NEMOURS, *lisant.*

« Écrit en la cage de la Bastille le dernier de janvier. »
Et lorsqu'il en sortit...

LOUIS.

Oh! ne t'en souviens pas!

NEMOURS.

Le puis-je? vois toi-même.

LOUIS, *égaré.*

Où donc, Nemours?

NEMOURS, *lui montrant la lettre avec la pointe du poignard.*

Plus bas;
Lis cette fois.

LOUIS, *lisant.*

« Votre pauvre Jacques d'Armagnac. »

NEMOURS.

Le nom de ton ami d'enfance,
Et là... son sang!

LOUIS.

Nemours, tu pleures.
NEMOURS.

Ma vengeance
Te vendra cher ces pleurs.
LOUIS.

Grand Dieu, c'en est donc fait?
NEMOURS.

Pour que le châtiment soit égal au forfait,
Par quel supplice affreux peut-elle être assouvie?

LOUIS, *se traînant à ses pieds.*

Grâce !

NEMOURS.

Il n'en est qu'un seul.

LOUIS, *qui se renverse frappé de terreur.*

C'est ma mort !

NEMOURS, *après avoir levé le poignard qu'il jette loin de lui.*

C'est ta vie!
Qui, moi, t'en délivrer! je t'ai vu trop souffrir.
Achève donc de vivre ou plutôt de mourir. [fices,
Meurs encor: meurs long-temps, pour que tes arti-
Pour que tes cruautés t'amassent des supplices;
Pour qu'à tes tristes jours chaque jour ajouté
Soit un avant-coureur de ton éternité.

Attends-la : que plus juste et plus impitoyable,
Elle vienne, à pas lents, te saisir plus coupable.
Dieu, je connais ses maux, j'ai reçu ses aveux ;
Pour me venger de lui, je m'unis à ses vœux :
Satisfaites, mon Dieu, son effroyable envie ;
Un miracle ! la vie ! ah ! prolongez sa vie !

(Il s'élance par la porte de l'appartement de Coitier.)

SCÈNE IX.

LOUIS, *puis* TRISTAN, ÉCOSSAIS, CHEVALIERS, SUITE DU ROI.

LOUIS, *il pousse quelques sons inarticulés, et revenant à lui.*

A l'aide !.. à moi, Tristan ! au meurtre !.. du secours !
Des flambeaux ! accourez... il en veut à mes jours ;
Il lève son poignard : de ses mains qu'on l'arrache !
Lui, qu'on le tue !.. il fuit ; mais c'est là qu'il se cache.

(Montrant l'appartement de Coitier où Tristan court avec des gardes.)

Un assassin ! là, là !... partout ! j'en vois partout.

(Aux Écossais.)

Entourez-moi. Non, non : je vous crains, je crains
[tout.
Au pied de cette croix quelle est l'ombre qui passe ?

29.

Cherchez sous ces rideaux : on s'y parle à voix basse.
Je vous dis qu'une voix a prononcé mon nom ;
Un d'eux s'est sous mon lit glissé par trahison.
Quoi ! pour les découvrir votre recherche est vaine !
Je les vois cependant ; cette chambre en est pleine :
Je ne puis, si j'y reste, échapper au trépas....
Place ! faites-moi place, et ne me quittez pas.

(Il s'élance hors de la chambre, et tout le monde se précipite en désordre après lui.)

FIN DU QUATRIÈME ACTE.

ACTE CINQUIÈME.

[Une salle du château : trois portes au fond. Sur un des côtés, un lit de repos près duquel est une table.]

Au lever du rideau, les courtisans causent à voix basse, comme dans l'attente d'un grand événement ; quelques-uns marchent ; d'autres, assis ou debout, forment des groupes ; le plus nombreux entoure le dauphin qui pleure.

SCÈNE I.

LE DAUPHIN, LE COMTE DE LUDE, TRISTAN, LE DUC DE CRAON, CRAWFORD, COURTISANS.

LE COMTE DE LUDE, *au duc de Craon.*

Complice, lui, Coitier !

LE DUC DE CRAON.

Lui-même.

LE COMTE DE LUDE.

Est-il possible ?

LE DUC DE CRAON.

C'est vrai.

LE COMTE DE LUDE, *à Tristan, qui se promène avec
Crawford.*

Seigneur Tristan !

TRISTAN, *en s'approchant.*

Comte !

LE COMTE DE LUDE.

Quel crime horrible !
Quoi, Nemours et Coitier ?...

TRISTAN.

Ils mourront aujourd'hui,
Si le maître l'ordonne en revenant à lui :
Tous deux sont dans les fers.

LE DUC DE CRAON.

Mais on dit qu'il expire
Le roi ?

TRISTAN, *en se retournant pour rejoindre Crawford.*

Je crois, monsieur, qu'on a tort de le dire.

LE DUC DE CRAON.

Il est bien insolent ; le roi va mieux.

LE COMTE DE LUDE.

Ici
Les pairs sont convoqués, le parlement aussi ;
Tout cela sent la mort, et je vois en présence

ACTE V, SCENE II.

Le règne qui finit et celui qui commence.

UN OFFICIER DE LA CHAMBRE.

Sa majesté reçoit les derniers sacremens :
Debout, messieurs!

LE DAUPHIN, *s'agenouillant.*

Mon père!... encor quelques momens
Et je l'aurai perdu!

UN COURTISAN, *de manière à être entendu du dauphin.*

L'excellent fils!

(Tout le monde est levé; silence de quelques instans.)

SCÈNE II.

LES PRÉCÉDENS, COMMINE.

COMMINE, *deux lettres à la main.*

Un page!

(A un de ceux qui se présentent.)

Pour le duc d'Orléans! partez.

(A un autre.)

Que ce message
Soit rendu dans le jour au comte de Beaujeu :
Hâtez-vous!

LE COMTE DE LUDE, *au duc de Craon.*

Deux courriers qui vont tout mettre en feu!

LE DUC DE CRAON.

La comtesse, je crois, va faire diligence.

LE COMTE DE LUDE.

Pensez-vous que le duc lui cède la régence ?

UN COURTISAN.

Pour qui vous rangez-vous, messieurs, dans ce débat?

LE COMTE DE LUDE.

Moi, pour lui.

LE DUC DE CRAON.

Moi, pour elle.

COMMINE, *qui réfléchit en les écoutant.*

Et qui donc pour l'Etat,

UN COURTISAN, *se détachant du groupe où se trouve le dauphin.*

Plus bas ! de monseigneur respectez la tristesse.

CRAWFORD, *qui se promène avec Tristan.*

Comme autour du dauphin toute la cour s'empresse!
Le roi s'en va.

TRISTAN.

Que Dieu le tire de danger,
Et je lui dirai tout.

LE COMTE DE LUDE, *qui s'est approché du dauphin.*

C'est trop vous affliger,
Mon prince; un peuple entier vous parle par ma bou-

ACTE V, SCENE III.

COMMINE.
Du malheureux Nemours que le destin vous touche !

LE DAUPHIN.
Que puis-je ?

COMMINE.
En votre nom laissez-moi dire un mot,
Vous serez entendu.

LE DAUPHIN.
J'y consens.

COMMINE, *à Tristan.*
Grand-prévôt !
Au sort des deux captifs monseigneur s'intéresse ;
Ne précipitez rien.

TRISTAN, *vivement.*
Les vœux de son altesse
Sont des ordres pour moi.

LE DUC DE CRAON.
Voici le Cardinal.

SCÈNE III.

LES PRÉCÉDENS, LE CARDINAL D'ALBY, *qui sort de la chambre du roi.*

LE DAUPHIN, *au Cardinal.*
Le roi, comment va-t-il ? parlez.

LE CARDINAL.

Toujours bien mal,
Toujours inanimé, sans voix, sans connaissance;
Mais nos pieux pardons l'avaient absous d'avance.
Ce qui doit consoler, prince, dans ce revers,
C'est que par ses bienfaits les cieux lui sont ouverts;
Il a beaucoup donné : quelle ame que la sienne !
Souhaitons pour nous tous une fin si chrétienne.

LE DAUPHIN.

C'en est fait ! plus d'espoir !

LE COMTE DE LUDE.

Il faut vous résigner
Au chagrin de survivre.

LE CARDINAL.

Au malheur de régner :
Comptez sur notre appui.

LE DAUPHIN.

Dieu voudra-t-il qu'il meure
Sans m'avoir embrassé même à sa dernière heure?

COMMINE.

Prince, que je vous plains !

LE COMTE DE LUDE.

C'est de la cruauté :
Mais il vous a toujours si durement traité.

LE DAUPHIN.

Non, non, quoi qu'il ait fait, messieurs, je le révère.

LE CARDINAL.

C'est à nous qu'il convient de le trouver sévère;
Il l'était.

COMMINE.

Au hasard de perdre mon crédit,
Que de fois à lui-même en secret je l'ai dit!

LE DAUPHIN.

Commine, vos conseils me sont bien nécessaires.

LE CARDINAL, *bas au duc de Craon.*

Le seigneur d'Argenton veut rester aux affaires.

LE DUC DE CRAON.

Il sait changer de maître.

SCÈNE IV.

LES PRÉCÉDENS, OLIVIER.

OLIVIER.

Enfin, il est sauvé!
Le roi respire.

LE DAUPHIN.

O Dieu!

OLIVIER.

Nos soins l'ont conservé.

LE DAUPHIN.

Se peut-il?

LE COMTE DE LUDE.

O bonheur!

LE CARDINAL.

Le ciel a vu nos larmes.

LE DUC DE CRAON.

Cher messire Olivier!

OLIVIER.

Oui, messieurs, plus d'alarmes:
Il a repris ses sens; appuyé sur mon bras,
Il vient de se lever, il a fait quelques pas :
On espère beaucoup; mais l'ennui le tourmente.
Il veut, pour essayer sa force qui s'augmente,
Changer de lieu lui-même, et passer sans appui
Sur ce lit que nos mains ont préparé pour lui.
Prince, qu'on se retire; il l'exige, il l'ordonne :
Hors Commine et Tristan, il ne verra personne.

LE DAUPHIN.

Quoi! pas même son fils?

OLIVIER.

Par mes soins, monseigneur,
De l'embrasser bientôt vous aurez le bonheur.

LE DAUPHIN.

Quels droits n'avez-vous pas à ma reconnaissance !

COMMINE.

A la mienne !

PLUSIEURS COURTISANS.

A la nôtre !

LE CARDINAL.

A celle de la France !

UN OFFICIER DU CHATEAU.

Messieurs du parlement !

LE DAUPHIN.

Allons les recevoir.

LE CARDINAL, *qui suit le dauphin.*

Des sacremens, mon prince, admirons le pouvoir.

LE DAUPHIN.

Jamais je n'éprouvai d'ivresse plus profonde.

LE COMTE DE LUDE, *qui sort avec le duc de Craon.*

Un roi qui flotte ainsi compromet tout le monde.

SCÈNE V.

COMMINE, OLIVIER, TRISTAN.

OLIVIER.

Nous voilà seuls.

COMMINE.
Eh bien?

TRISTAN.
Il vivra?

OLIVIER.
Devant eux
J'ai cru devoir le dire.

TRISTAN.
Est-ce faux?

OLIVIER.
C'est douteux.
S'il retombe, il n'est plus : son existence éteinte
Ne pourra supporter une seconde atteinte.
Il demande Coitier.

TRISTAN.
Lorsque je l'arrêtai,
L'ordre qu'il m'en donna fut trois fois répété.

COMMINE.
Que dit-il de Nemours?

OLIVIER.
Rien.

COMMINE.
Ah! que la mort vienne
Lui ravir le pouvoir avant qu'il s'en souvienne!

ACTE V, SCENE V.

OLIVIER.

Mais il veut voir Coitier.

TRISTAN.

Qu'avez-vous répondu ?

OLIVIER.

Pour sortir d'embarras je n'ai pas entendu.
Sa pensée est changeante et sa tête affaiblie ;
Il parle et se dément ; se souvient, puis oublie.
Pour se prouver qu'il règne il veut tenir conseil ;
Il croit tromper la mort à force d'appareil :
La couronne du sacre et le manteau d'hermine
Chargent son front qui tremble et son corps qui s'in-
Pâle, l'œil sans regard, et d'un pas inégal, [cline.
Se traînant sous les plis de son linceul royal,
Il prétend marcher seul ; mais il l'essaie à peine,
Qu'épuisé par l'effort, sans chaleur, sans haleine,
Il succombe, et murmure en refermant les yeux :
Jamais depuis vingt ans je ne me portai mieux.

TRISTAN.

Il faut penser à nous.

OLIVIER.

Faisons cause commune.

COMMINE.

Faites, messieurs ; pour moi je plains votre infortune,
La cour va vous juger avec sévérité.

OLIVIER, *à Tristan.*

Le seigneur d'Argenton vous dit la vérité.

TRISTAN.

Mais comme à vous, je crois.

OLIVIER.

Votre main fut trop prompte;
De bien du sang versé vous allez rendre compte.

TRISTAN.

A cette œuvre de sang d'autres ont travaillé.

OLIVIER.

Je n'exécutais rien.

TRISTAN.

Je n'ai rien conseillé.

OLIVIER.

Tous mes actes à moi me semblent légitimes.

TRISTAN.

Mais le sont-ils?

OLIVIER.

Du moins ce ne sont pas des crimes.

TRISTAN.

Des crimes!...

COMMINE.

Eh! messieurs!

TRISTAN.

Un complaisant!

ACTE V, SCÈNE V.

COMMINE.

Plus bas !

OLIVIER.

Un bourreau !

COMMINE.

Par prudence, ajournez ces débats.

TRISTAN.

Au reste, c'est le roi qu'on doit charger du blâme.
Le roi seul a tout fait.

COMMINE.

Tristan !

OLIVIER.

Je le proclame.

COMMINE.

Olivier !

TRISTAN.

Je serais bien fou de me cacher.

COMMINE.

Attendez qu'il soit mort pour le lui reprocher.
Regardez, le voici.

TRISTAN.

Ce n'est plus qu'un fantôme.

OLIVIER.

Que le ciel nous le rende, et sauve le royaume !

SCÈNE VI.

LES PRÉCÉDENS, LOUIS, *appuyé sur plusieurs domestiques.*

LOUIS, *il s'avance lentement et s'arrête tout à coup.*
Ces hommes, qui sont-ils?

OLIVIER, *au roi.*
Votre Olivier.

LOUIS.
C'est toi,
Mon fidèle!

OLIVIER.
Commine et Tristan.

LOUIS.
Je les voi,
Je les reconnais bien; on dirait à l'entendre
Que mes yeux affaiblis auraient pu s'y méprendre.
Bonjour, messieurs.
(Il s'appuie sur le dos d'un fauteuil.)
(Aux serviteurs qui l'entourent.)
Laissez: ne me soutenez pas.
Laissez-moi donc; sans vous ne puis-je faire un pas?
(Il leur fait signe de sortir.)

OLIVIER.

Reposez-vous.

LOUIS, *qui s'assied.*

Pourquoi? suis-je faible?

OLIVIER.

Au contraire.

LOUIS.

Ce que j'ai déjà fait, je puis encor le faire.

OLIVIER.

Et plus, si vous voulez.

LOUIS.

Je le crois.

COMMINE.

Cependant
Abuser de sa force est toujours imprudent.

LOUIS.

Je n'en abuse pas.

(Jetant les yeux sur Tristan.)

Immobile à sa place,
D'où vient que d'un air sombre il me regarde en face?
Me trouve-t-il changé? vous l'a-t-il dit?

TRISTAN.

Qui, moi?
Je vous trouve à merveille.

LOUIS.

Autrement, sur ma foi,
Tu t'abuserais fort, mon vieux compère.

TRISTAN.

Oui, sire.

LOUIS, *qui s'assoupit par degrés.*
Je me sens bien ici, c'est plus vaste : on respire.

OLIVIER, *à voix basse.*
Il sommeille.

COMMINE, *de même.*
Tous trois, nous avons fait serment
De l'avertir, messieurs, à son dernier moment.

TRISTAN.
L'avertir ! à quoi bon ?

COMMINE.
Sa volonté débile
Peut encore exercer une influence utile.

OLIVIER.
Laisser à quelque ami des gages de bonté.

TRISTAN.
Je veux bien : disons-lui la triste vérité.

LOUIS, *toujours assoupi.*
Tristan, veille sur moi.

TRISTAN.
Sire, soyez tranquille.

OLIVIER.
Qui la dira, messieurs ?

ACTE V, SCENE VI.

TRISTAN.

Il faut un homme habile,
Un homme qui lui plaise, et qui sache amortir
Le coup que le malade en pourrait ressentir.
(A Olivier.)
Vous.

OLIVIER.

Mon Dieu !... je suis prêt.

COMMINE.

Parlez-lui.

OLIVIER.

Mais je l'aime,
Je l'aime tendrement; me trahissant moi-même,
A tant d'émotion je commanderais mal,
Et mon attachement lui deviendrait fatal.
Il faut un homme ferme : aussi, plus j'examine,
Plus je crois qu'un tel soin vous regarde, Commine.

COMMINE.

Volontiers... mais pourquoi prolonger son tourment?
Mieux vaut aller au fait, même par dévoûment.
Tristan, brusquez la chose.

OLIVIER.

Et que Dieu vous inspire.

TRISTAN.

Tenez, convenons-en, c'est difficile à dire.

LOUIS.

Pourquoi parlez-vous bas?

OLIVIER.

Nous causions entre nous
De votre santé, sire.

LOUIS.

Oui, félicitez-vous.
Coitier devrait ici partager votre joie.
Que fait-il? je l'attends. Il faut que je le voie.
Allez le prévenir.

TRISTAN.

Mais vous savez...

LOUIS.

Je sais
Qu'il tarde trop long-temps.

TRISTAN.

Mais, sire...

LOUIS.

Obéissez.
(Tristan sort.)

SCÈNE VII.

LES PRÉCÉDENS, *hors* TRISTAN.

LOUIS, *qui marche appuyé sur Commine.*
L'exercice aujourd'hui me sera salutaire ;
L'alesan que Richard m'envoya d'Angleterre,
Je me sens ce matin de force à l'essayer.
Cours l'annoncer sur l'heure à mon grand-écuyer.

OLIVIER.

Vous voulez...

LOUIS.

D'un chevreuil je veux suivre la trace.
Dis bien haut que le roi va partir pour la chasse.

OLIVIER.

Il faudrait...

LOUIS.

Sors.

OLIVIER.

Avant de prendre ce parti
Demander à Coitier...

LOUIS.

Vous n'êtes pas sorti !

OLIVIER, *à Commine.*

Sa volonté revient.

SCÈNE VIII.

LOUIS, COMMINE.

LOUIS, *après avoir fait quelques pas, s'assied sur le lit et prend un papier sur la table.*
Ils paraîtront vulgaires,
Ces conseils que j'ajoute à mon Rosier des guerres;
Ils sont sages pourtant.

COMMINE.
Vous les avez écrits.

LOUIS, *lui passant le papier.*
Lisez.

COMMINE.
« Quand les rois n'ont point égard à la loi, ils
» ôtent au peuple ce qu'ils doivent lui laisser, et ne
» lui donnent pas ce qu'il doit avoir. Ce faisant, ils
» rendent leur peuple esclave, et perdent le nom
» de roi : car nul ne doit être appelé roi, hors ce-
» lui qui règne sur des hommes libres... *

LOUIS.
Force à la loi ! Si j'en ai fait mépris,

---

* Rosier des guerres.

ACTE V, SCENE VIII.

C'est que pour renverser on ne peut rien par elle.
La royauté sans moi fût restée en tutelle.
La voilà grande dame, et la hache à la main ;
Bien osé qui voudra lui barrer le chemin !
Son écueil à venir, c'est son pouvoir suprême :
Tout pouvoir excessif meurt par son excès même.
La loi, monsieur, la loi !

COMMINE.

Ce précepte important,
Votre fils le suivra.

LOUIS.

Ne nous pressons pas tant :
Qu'il le lise, et qu'un jour il soit sa politique.
La mienne est de régner sans le mettre en pratique,
Et tout seul, et long-temps.

COMMINE.

Une haute raison
Peut remplacer la loi.

LOUIS, *écartant le manteau dont il est couvert.*

Cette pompe, à quoi bon ?
D'où vient que pour me nuire on a pris tant de peine ?
Qui les en a priés ? ma couronne me gêne.
Posez-la près de moi, plus près, plus près encor !
Sous mes yeux, sous ma main.

COMMINE.

Je crois qu'à ce trésor
Nul n'oserait toucher.

LOUIS, *montrant la couronne.*

Non : mort à qui la touche!
Ils le savent.

SCÈNE IX.

LES PRÉCÉDENS, COITIER, TRISTAN.

COITIER, *en entrant, à Tristan.*

Le roi l'apprendra de ma bouche;
Je le lui dirai, moi.

LOUIS.

C'est Coitier; d'où viens-tu?

COITIER.

D'où je viens? Sur mon ame, il faut de la vertu
Pour répondre avec calme à cette raillerie.
D'où je viens!

LOUIS.

Parle donc.

COITIER.

Mais cette main meurtrie
Par les durs traitemens qu'aujourd'hui j'ai soufferts,

Cette main porte encor l'empreinte de mes fers :
Elle parle pour moi.

LOUIS.

Je ne puis te comprendre.

COITIER.

D'où je viens ? du cachot.

LOUIS.

Toi !

COITIER.

Faut-il vous l'apprendre !

LOUIS.

Qui donna l'ordre ?

COITIER.

Vous.

LOUIS.

J'affirme...

COITIER.

Devant moi :
C'est vous, vrai Dieu ! vous-même.

LOUIS.

En quel lieu ? quand ? pourquoi ?

COITIER.

Me croire de moitié dans un projet semblable !
De cette trahison si j'eusse été capable,
Qui me gênait ? quel bras se fût mis entre nous ?

31.

Qui m'aurait empêché d'en finir avec vous?
Je le pouvais sans arme et sans laisser d'indice.
Mais moi, sous vos rideaux introduire un complice!..

LOUIS, *en se levant.*

Attends!...

COITIER.

Moi, l'y cacher!

LOUIS.

Attends!... Quel rêve affreux!
La nuit, sous mes rideaux, un homme...

COITIER.

Un malheureux...

COMMINE, *bas, au médecin.*

Coitier.

COITIER.

Qui n'a commis que la moitié du crime;
Qui, le poignard levé, fit grâce à la victime.

LOUIS.

Un poignard, un poignard! Nemours! point de pitié!
Nemours!

COMMINE, *à Coitier.*

Qu'avez-vous fait? Il l'avait oublié.

COITIER.

Qu'entends-je?

LOUIS.

Ah! c'est agir en ami véritable

ACTE V, SCENE IX.

Que de me rappeler le crime et le coupable.
(A Tristan.)
Est-il mort?

TRISTAN.

J'attendais...

LOUIS.

Quoi! traître, il n'est pas mort!

TRISTAN.

Sire, c'est le dauphin qui, touché de son sort,
M'a prié de suspendre...

LOUIS.

Un ordre qui me venge!
On ordre de son roi!... Votre excuse est étrange.
Que s'est-il donc passé? L'ai-je bien entendu?
Sous ma tombe à Cléry me croit-on descendu?
Mon fils!... pour son malheur faut-il que je le craigne!
S'il a régné trop tôt, il est douteux qu'il règne.

COITIER.

Eh! sire, laissez là le soin de vous venger.
C'est à Dieu maintenant, à Dieu qu'il faut songer :
Car votre heure est venue.

LOUIS, *retombant sur le lit.*

Hein! que dis-tu?

COITIER.

J'atteste

Que ce jour où je parle est le seul qui vous reste;
C'est le dernier pour vous.

LOUIS.

Et pour mon prisonnier,
Quoi qu'il m'arrive à moi, c'est aussi le dernier.
Mais tu n'as pas dit vrai.

COITIER.

Par ce ciel qui m'éclaire!
J'ai dit vrai; pesez bien ce que vous devez faire :
Vous allez en répondre.

LOUIS.
(Au grand-prévôt.)
Il n'importe! va-t-en :
Qu'il meure, ou tu mourras. Me comprends-tu?

COMMINE, *s'approchant de Tristan et à voix basse.*

Tristan!...

TRISTAN, *à Commine.*

S'il y va de la vie!...
(Il sort.)

SCÈNE X.

LES PRÉCÉDENS, hors TRISTAN.

LOUIS, *à Coitier.*

Oh! non, c'est impossible :

ACTE V, SCENE IX.

Tu voulais m'effrayer; l'instant, l'instant terrible,
Il est loin, conviens-en.

COITIER.

J'ai dit la vérité.

LOUIS.

Je ne suis pas encore à toute extrémité.
Dieu! quel mal tu m'as fait!.. mon sang glacé s'arrête:
Il laisse un vide affreux dans mon cœur, dans ma tête..
Qu'on cherche le dauphin.

COMMINE.

J'y cours.

LOUIS.

Restez ici:
Il me croirait perdu s'il me voyait ainsi,..
Je me sens défaillir sous un poids qui m'oppresse;
Im'étouffe : ô douleur !.. ce n'est qu'une faiblesse,
Mais ce n'est pas la mort. Sauvez-moi, bon Coitier !..
De l'air! ah! pour de l'air mon trésor tout entier!
Prends, prends, mais sauve-moi. Le dauphin, qu'on
l'appelle !
Non, ce n'est pas la mort... ô Dieu ! mon Dieu !..

(Il se renverse sur le lit et tombe sans mouvement.)

COITIER.

C'est elle.

COMMINE.

Essayez, s'il se peut, de retarder sa fin,
Je cours vers monseigneur.

SCÈNE XI.

LOUIS, COITIER.

COITIER, *après l'avoir regardé un moment en silence.*
                    Me voilà libre enfin !
(Il passe la main sur le visage du roi, et soulève les paupières.)
Ses lèvres, son œil terne où la vie est éteinte,
De la destruction portent déjà l'empreinte !
(Prenant le bras qui retombe.)
C'est du marbre ; il n'est plus, et Nemours... Le cœur
Il peut sortir vivant de ce nouveau combat ; [bat
Oui, si je le ranime... Et dans quelle espérance ?
En prolongeant ses jours d'une heure de souffrance
J'ajoute un crime horrible à ses crimes passés,
Le meurtre de Nemours ! oh ! non, non, c'est assez.
Nature, agis sans moi ; mon art te l'abandonne :
Ce roi par mon secours ne tuera plus personne.
Tu peux, pour ce forfait, disputer un instant,
Si tel est ton plaisir, sa dépouille au néant ;

Mais qu'à ta honte au moins ton œuvre s'accomplisse:
Je suis trop las de lui pour être ton complice.

SCÈNE XII.

LOUIS, LE DAUPHIN, COITIER, COMMINE, OLIVIER, PLUSIEURS COURTISANS.

LE DAUPHIN.

Lui! mon père! il m'appelle, il veut m'ouvrir ses bras!..
(A Coitier.)
Dieu! serait-il trop tard?... Vous ne répondez pas:
Ce silence m'éclaire; il a cessé de vivre.
Sortez; qu'à ma douleur sans témoins je me livre.

COMMINE.

Monseigneur...

LE DAUPHIN.

Laissez-moi, je vous l'ordonne à tous.

SCÈNE XIII.

LOUIS, LE DAUPHIN.

LE DAUPHIN, *à genoux, près du lit.*
O mon père, ô mon roi, me voici devant vous.

Recueillez dans les cieux, d'où vous pouvez m'enten-
[dre,
Les regrets de ce cœur qui pour vous fut si tendre.
Respectant vos rigueurs, votre fils méconnu
Jamais, pour les blâmer, ne n'en est souvenu;
Loin, bien loin d'accuser votre sagesse auguste,
Je me cherchais des torts pour vous trouver plus juste.
Je n'ai pu vous fléchir, et cette froide main,
Que je couvre de pleurs, que je réchauffe en vain,
Hélas! c'est donc la mort et non votre tendresse
Qui permet aujourd'hui que ma bouche la presse,
Et pour que votre fils ne fût pas repoussé,
Mon père, il a fallu que ce bras fût glacé!
(Se relevant.)
Moi! sur la royauté lever un œil avide!
Elle seule a flétri ce visage livide;
Comme un présent fatal de vous je la reçois:
(Il prend la couronne.)
Puissé-je la porter sans fléchir sous son poids!
Que j'en sois digne un jour!

SCÈNE XIV.
LES PRÉCÉDENS, MARIE.

MARIE, *se jetant aux pieds du dauphin, et lui présentant l'anneau qu'elle a reçu de lui.*

Sire! pitié, clémence!

Tristan l'a condamné; révoquez sa sentence.
Sire, vous pouvez tout : reconnaissez ce don;
Ah! qu'il soit pour Nemours un gage de pardon!
Nemours! il va périr, et sa vie est la mienne;
Le dauphin a promis; que le roi s'en souvienne.

LE DAUPHIN.

Rassure-toi, Marie! il s'en souvient, va, cours,

(Se plaçant la couronne sur sa tête.)

Le roi tient sa parole et pardonne à Nemours.

(A la fin de la scène précédente et pendant celle-ci, Louis, qui se ranime par degrés, fait quelques mouvemens. Il alonge son bras pour chercher la couronne; puis il se soulève et promène ses regards autour de lui. Appuyé sur la table, il se traîne jusqu'au dauphin et lui pose la main sur l'épaule : celui-ci jette un cri et tombe à genoux à côté de Marie.)

LOUIS, *au dauphin qui veut lui rendre la couronne.*

Gardez-la, gardez-la, mon heure est arrivée.
J'accepte la douleur qui m'était réservée;
Je m'offre à Dieu : mon père est vengé par mon fils!

SCÈNE XV.

LES PRÉCÉDENS; FRANÇOIS DE PAULE, COMMINE, OLIVIER, LE CARDINAL D'ALBY, LE DUC DE CRAON, LE COMTE DE LUDE, LE CLERGÉ, LA COUR, LE PARLEMENT.

LOUIS.

Approchez tous : à lui le royaume des lis !
A moi celui du ciel, c'est le seul où j'aspire.
(Au dauphin.)
Vous, écoutez ma voix au moment qu'elle expire *.
Faites ce que je dis et non ce que j'ai fait :
J'ai voulu m'agrandir, je me suis satisfait.
La France a payé cher cette gloire onéreuse :
Vous la trouvez puissante, il faut la rendre heureuse.
Ne séparez jamais votre intérêt du sien ;
(Bas.)
Honorez beaucoup Rome, et ne lui cédez rien,
Si fort que vous soyez, si grand qu'on vous proclame,
Aimez qui vous résiste et croyez qui vous blâme.

* Dernières instructions du roi Louis XI à son fils.

Quand vous devez punir, laissez agir la loi,
Quand on peut pardonner, faites parler le roi.

MARIE, *avec désespoir.*

Qu'il parle pour Nemours !

FRANÇOIS DE PAULE.

Sire, Dieu vous contemple :
Donnez donc une fois le précepte et l'exemple.

LE DAUPHIN.

Laissez-vous attendrir.

LOUIS, *à François de Paule.*

Et si je suis clément,
Ce Dieu m'en tiendra compte au jour du jugement?

FRANÇOIS DE PAULE.

Mais vous lui répondrez de chaque instant qui passe.

LOUIS.

Je pardonne.

MARIE.

C'est moi qui lui porte sa grâce ;
Moi, moi, j'y cours... Tristan !

SCÈNE XVI.

LES PRÉCÉDENS ; TRISTAN.

TRISTAN.

L'ordre est exécuté.

MARIE, *tombant sur un siége.*

Il est mort !

LOUIS.

Ce bourreau s'est toujours trop hâté.
(Montrant Olivier.)
Qu'il en porte la peine, ainsi que cet infâme
Dont les mauvais conseils empoisonnaient mon ame.
A leur juge ici-bas je les livre tous deux,
(Joignant les mains.)
Pour que le mien s'apaise et soit moins rigoureux.
(A François de Paule en s'agenouillant.)
Hatez-vous de m'absoudre; il m'attend.. il m'appelle
Priez pour le salut de mon ame immortelle.
Sauvez-la de l'enfer ! je me repens de tout ;
Humble de cœur, j'ai pris la puissance en dégoût.
Voyez... je n'en veux plus. Qu'est-ce que la couronne ?
(En se relevant.)
Fausse grandeur... néant!... priez... je veux, j'ordon-
[ne...
(Il chancelle et tombe mort au pied du lit.)

COITIER, *qui met un genou en terre et lui pose la main sur le cœur.*

Commine, c'en est fait.

COMMINE, *quittant le fauteuil où il donnait des soins à sa fille, s'incline et dit au dauphin.*

Sire, il n'est plus !

ACTE V, SCENE XVI.

UN HÉRAUT, *d'une voix solennelle.*

« Le roi est mort, le roi est mort. »

TOUTE LA COUR, *en se précipitant vers le Dauphin.*

« Vive le roi ! »

FRANÇOIS DE PAULE.

        Mon fils,
Considérez sa fin, méditez cet avis ;
Et n'oubliez jamais sous votre diadème   [même.
Qu'on est roi pour son peuple et non pas pour soi-

FIN DU CINQUIÈME ET DERNIER ACTE.

NOTE

SUR

LES VÊPRES SICILIENNES.

Parmi beaucoup de critiques judicieuses qu'on a faites de cette tragédie, on m'a reproché de n'avoir point donné au caractère d'Amélie tout le développement dont il est susceptible. J'avais tenté de le faire dans plusieurs scènes qui, au milieu des grands intérêts d'une conspiration, m'ont paru nuire à l'effet général de l'ouvrage. Il faudrait, je crois, une tragédie tout entière pour peindre les combats d'une passion criminelle dans l'ame d'une dévote espagnole ou sicilienne. Cependant, par respect pour une critique à laquelle je ne pourrais me soumettre sans entraver la marche de l'action, j'imprime ici une des scènes que j'ai retranchées; elle donnera une idée de la manière dont j'avais conçu le rôle d'Amélie. Cette scène terminait le premier acte après la sortie de Lorédan.

AMELIE; ELFRIDE.

ELFRIDE.

Il s'éloigne, madame, à regret il vous quitte :
Pourquoi l'abandonner au doute qui l'agite?
Sans pitié pour des maux que vous pourriez finir,
Trouvez-vous quelque joie à les entretenir?
Que vous le condamnez à de mortelles peines !

AMÉLIE.

Elfride, tout mon sang s'est glacé dans mes veines.
Montfort est son rival!... O redoutable aveu!
Quel fatal ascendant m'a conduite en ce lieu?...
Voulait-il m'éprouver?...Peut-être il m'a trompée...
De surprise et d'effroi je suis encor frappée.

ELFRIDE.

Quel penser peut nourrir l'horreur où je vous vois?

AMÉLIE.

Oui, j'en crois ses regards et le son de sa voix,
Et ses traits enflammés d'un courroux si farouche;
Oui, c'est la vérité qui sortait de sa bouche.

[pleurs,

Il veut me soupçonner; dans mes yeux, dans mes
Il cherche un aliment à ses sombres fureurs.

Que me reproche-t-il? Quel discours ou quel signe
Trahit ce changement dont sa fierté s'indigne?
ELFRIDE.
Pardonnez des transports qu'il n'a pas su dompter;
Madame, un tel soupçon doit peu vous irriter...
AMÉLIE.
Le nom de son rival, a-t-il dit, m'a troublée!
C'est son reproche affreux qui m'a seul accablée,
D'une rougeur soudaine, à ce dernier affront,
Le courroux et la honte ont coloré mon front.
Ses regards prévenus pouvaient-ils s'y méprendre?
Où s'égare Montfort, et qu'ose-t-il prétendre?
Comment s'est-il promis le plus faible retour?
Moi, céder aux conseils d'un criminel amour!...
O Dieu, dont la justice éprouve mon courage,
Vous m'aviez réservée à ce comble d'outrage!
Moi, chérir de nos maux l'instrument ou l'auteur,
Le plus ferme soutien de mon persécuteur,
Votre ennemi, grand Dieu! celui dont les exemples
Instruisent nos vainqueurs à profaner vos temples?
Je crois entendre encor vos prêtres révérés,
Contre eux par la fureur saintement inspirés,
Dans le secret, parmi quelques témoins fidèles,
D'anathèmes vengeurs charger leurs fronts rebelles.
Elfride, verrons-nous la colère des cieux

Descendre et consumer un jeune audacieux?
Malgré moi je frémis du coup qui le menace.

ELFRIDE.

Eh quoi! devant vos yeux nos tyrans trouvent grâce,
Et déjà pour Montfort votre cœur désarmé.....

AMÉLIE.

Peut-être au repentir le sien n'est pas fermé...
Crois-tu que du remords la voix pure et sacrée
Ne puisse ramener sa jeunesse égarée?
Jusqu'aux murs de Sion, par sa valeur fameux,
Esclave de l'honneur, sensible et généreux,
Que de nobles vertus il reçut en partage!
L'ardente ambition seule en corrompt l'usage.
Ah! de ces dons heureux les mains qui l'ont orné,
A des tourmens sans fin ne l'ont pas condamné!
Non, je ne le puis croire, et ma raison tremblante,
Devant ce châtiment recule d'épouvante.

ELFRIDE.

Tournez votre pitié sur un plus digne objet :
Madame, loin de vous, attendant son arrêt,
Dans vos mains Lorédan remet sa destinée.

AMÉLIE.

O souvenir cruel! ô funeste journée!

ELFRIDE.

Votre choix plus long-temps ne se peut différer.....

Vous ne m'écoutez pas, je vous vois soupirer...

AMÉLIE.

Pour moi de cet hymen la chaîne est accablante!

ELFRIDE.

Qu'entends-je? ma surprise à chaque instant s'aug-
[mente.

AMÉLIE.

Eprise pour mon Dieu d'une sainte ferveur,
Cet amour me suffit et remplit tout mon cœur.
A cet époux divin si je ne suis unie,
Du repos loin de moi l'espérance est bannie.
Dans les austérités d'un asile pieux,
Morte à de faux plaisirs, cachée à tous les yeux,
Que ne puis-je, le front courbé dans la poussière,
Finir mes tristes jours consumés en prière,
Malheureuse! ah! retiens d'inutiles souhaits!
Eh! que veux-tu porter dans ce séjour de paix?
Les tumultes d'une ame où règne encor le monde?
Tes regrets, tes remords, ta blessure profonde?
Espères-tu, livrée aux orages des sens,
Offrir un encens pur et des vœux innocens?
O ciel, défendez-moi de ma propre faiblesse!
Lorédan aux autels a reçu ma promesse;
Que la vertu m'élève à ce pénible effort,
De remplir mes sermens, de détromper Montfort.
Montfort... A ce seul nom la force m'abandonne...

D'une invincible horreur je sens que je frissonne.
ELFRIDE.

Hélas ! sur notre esprit, long-temps irrésolu,
Madame, reprenez un empire absolu.
De Montfort détrompé craignez moins la vengeance,
Et d'un bonheur prochain embrassez l'espérance.
AMÉLIE.

Le bonheur ! pour jamais je l'ai vu s'éloigner ;
Mais quel que soit mon sort, je m'y dois résigner.
Partout du doigt de Dieu, reconnaissant l'empreinte,
Je courbe mon orgueil sous sa majesté sainte.
Viens au temple, suis-moi, de ce muet témoin
Implorons des secours dont mon ame a besoin :
Sans lui notre vertu s'affaiblit et chancelle.
Viens demander ensemble à sa main paternelle,
De conduire mes pas et de les protéger
Dans le sentier fatal où je vais m'engager.

NOTE

SUR

L'ÉCOLE DES VIEILLARDS.

J'ai trouvé dans la plupart des journaux qui ont rendu compte de ma comédie, une disposition favorable et un désir de me voir bien faire, dont je ne puis leur témoigner ma reconnaissance qu'en faisant mieux. D'après leurs avis, mon ouvrage a subi quelques modifications. Avant qu'il fût joué, les conseils de mes amis m'avaient déjà fait retrancher quelques passages; je n'en regrette qu'un seul, que je rétablis ici, parce qu'il me semble tenir essentiellement au sujet.

Ces vers faisaient partie du rôle de Danville au cinquième acte.

Ecoute-moi, Paris a pour toi mille appas :
Je n'en parlerai point en vieillard qui les fronde,
En mari sermoneur, mais en homme du monde,

En ami ; ce séjour, dont l'éclat t'aveuglait,
A la coquetterie ouvre un champ qui lui plaît.
C'est en voulant régner que l'on s'y donne un maître :
On fait plus d'un esclave, et l'on finit par l'être.
Ce nœud formé dans l'ombre échappe rarement
Au scandale public, son dernier châtiment ;
Et fût-il ignoré, va, le bonheur qu'il donne
Cède au chagrin secret qui toujours l'empoisonne.
Un amant sans espoir est tendre et séduisant ;
Mais dès qu'il est vainqueur son joug devient pesant.
Il venge tôt ou tard l'époux qu'il déshonore.
Celle qu'il a soumise en cédant lutte encore :
Ces combats, ces terreurs, cet éternel besoin
De cacher son penchant, d'écarter un témoin,
L'arrache par degrés aux soins de sa famille :
Elle évite sa mère, elle éloigne sa fille.
Son bonheur domestique est à jamais détruit ;
Le remords l'accompagne et la honte la suit ;
Elle rougit au nom de la femme infidèle
Qu'un cercle indifférent immole devant elle.
Ainsi trompant toujours sans pouvoir se tromper,
En vain à son mépris elle veut échapper,
Dans le monde ou chez elle en vain cherche un refuge,
Et seule avec soi-même elle est avec son juge....
Tu crains peu ce malheur ; mais pourquoi l'affronter?

Hortense, épargne-toi le soin de résister.
Plus un cœur est honnête, et moins il prend d'alarme;
S'il brave en se jouant un piége qui le charme,
Il en voit les périls quand il vient d'y tomber;
Qui s'expose toujours doit enfin succomber.

FIN DES NOTES.

DISCOURS

PRONONCÉ

PAR M. CASIMIR DELAVIGNE,

LE 7 JUILLET 1825,

JOUR DE SA RÉCEPTION A L'ACADÉMIE.

MESSIEURS,

Un mois avant la perte que l'Académie Française vient de faire dans la personne de M. le comte FERRAND, cet ami des lettres désira me connaître, et la demande d'un vieillard fut un ordre pour moi. Plusieurs d'entre vous qui m'ont vu sur les bancs du collége, et qui ont voulu, dans leur bienveillante amitié, que leur élève devînt leur confrère, m'avaient souvent entretenu de l'assiduité de M. le comte FERRAND à vos séances. Je savais quelle part il prenait à vos travaux; la tribune retentissait de ses paroles; admis à la confidence journalière du prince, d'autres devoirs le trouvaient infatigable. J'imaginais qu'une activité si constante prenait sa source dans cette force de corps, dans cette jeunesse prolongée de quelques vieillards, pour qui le temps semble s'arrêter, comme s'il voulait aussi rendre hommage à de hautes vertus et à des talens peu communs, ou qu'il sentit une sorte de regret à détruire ce qu'il ne peut faire oublier.

Quelle fut ma surprise à la vue d'un vieillard faible, infirme, aveugle, et qui, déjà mort dans une portion de lui-même, paraissait ne plus tenir à la vie que par la volonté forte de vivre encore! Je trouvai dans son accueil cette bonté facile dont vos entretiens m'avaient appris à connaître tout le charme. Son ame encore brûlante se répandait dans ses discours, comme pour plaire à une imagination qu'il supposait pleine d'ardeur et d'illusions; il me parlait de mes ouvrages en ami qui n'en veut point voir les défauts, de mon avenir comme s'il nous appartenait à tous deux; il ne m'appelait point à lui, il se faisait jeune pour venir à moi. Dans l'excès d'une bienveillance inquiète, il concevait des craintes sur la destinée d'un jeune homme dont les sentimens pouvaient, à quelques égards, différer des siens; il essaya de me montrer la vérité où il la voyait lui-même; il conseillait avec douceur, mais avec une sorte d'empire; car il y a toujours quelque chose d'absolu dans la chaleur d'une opinion combattue et dans l'expérience d'un âge avancé. Je l'écoutais avec respect, et si je le quittai sans être persuadé, ne vous en prenez point à son éloquence : n'est-il pas, j'en appelle à vous-mêmes, des sentimens intimes dont la racine, trop avant dans le cœur, ne peut s'en arracher; des convictions impérieuses de la conscience qu'on ne peut secouer sans perdre l'estime des autres et, ce qui est le premier besoin de toute ame généreuse, l'estime de soi-même?

M. le comte FERRAND n'aurait exigé de personne un sacrifice que personne n'avait obtenu de lui; l'intolérance est le dévouement de ceux qui ont beaucoup d'erreurs à faire oublier. Pour moi, surpris d'une telle indulgence dans une conviction si fervente, ému par tant de force morale dans une si extrême faiblesse, j'emportai de cet entretien un souvenir profond : j'avais appris jusqu'à quel point l'intelligence peut régner sur ces débris de l'homme qu'elle défend contre la destruction : des yeux qui ne voyaient plus brillaient encore de tout le feu de la pensée : des mains qui cherchaient les objets s'agitaient encore de ce mouvement énergique dont l'éloquence parle aux regards et vient au secours d'une voix défaillante. Il était vrai pour moi qu'une ame vigoureuse reste libre et entière dans un corps que les infirmités enchaînent, et que le temps a mutilé. Par la seule force de sa volonté, elle transporte où il lui plaît cet esclave réduit à l'obéissance, le soutient quand il chancelle, le fortifie par les travaux qui devraient l'affaiblir : lutte imposante, où la douleur se tait, où la nature paraît faire effort contre elle-même, où la mort hésite, et semble craindre, en achevant sa victoire, de perdre le spectacle d'une héroïque résistance.

De tous les sentimens qui exerçaient, sans l'épuiser, l'activité de cette ame ardente, l'amour des lettres fut le plus puissant. Dans la jeunesse de M. le comte Ferrand, cette passion lui servit comme d'un délassement à des études austères; plus tard, elle le consola dans l'infortune, et, pour dernier bienfait, le protégea contre la mort. Voilà ce que les Muses ont fait pour lui ; rappelons ce qu'il a fait pour elles. L'éloge de sa vie politique n'appartient point à cette tribune, c'est l'homme de lettres que vos suffrages m'appellent à remplacer; qu'un plus éloquent parle de ses actions, je vous entretiendrai de ses ouvrages.

Plusieurs tragédies, fruit de ses loisirs, sont conçues avec sagesse, écrites avec pureté. Douces études, nobles peintures de héros et de malheurs imaginaires, il fut arraché à vos fictions par des désastres véritables, par une tragédie réelle et plus sanglante. Qu'aurait-il inventé d'aussi imposant que ce spectacle? Un roi sans couronne, une famille auguste dans l'exil, empruntaient de leur infortune même une majesté plus touchante. Un prince qui avait combattu sous les drapeaux de la France passait du champ de bataille dans un obscur collége, et demandait aux lettres, sans rien perdre de sa dignité, l'appui qu'il devait leur rendre un jour, sans rien ravir à leur indépendance. Sur quel théâtre s'étaient succédé des scènes plus sublimes ou plus déchirantes? Inspiré par sa douleur, M. le comte FERRAND paya un tribut éloquent à la mémoire d'une princesse, fille de tant de rois, et dont les vertus étaient plus royales encore que la naissance; il sentit qu'il ne pouvait orner ce sujet sans l'affaiblir, et fut moins orateur qu'historien. Le génie de Bossuet aurait suffi sans doute à l'oraison funèbre de madame Elisabeth; mais qu'aurait-il ajouté à la majesté d'une telle vie, à l'horreur d'une telle mort? Il y a de ces actions dont la grandeur est en elles-mêmes; et pour qu'elle leur reste tout entière, on ne les loue pas, on les raconte.

Après une révolution qui avait tout détruit et tout recréé, M. le comte FERRAND dut éprouver une sorte de malaise au milieu d'un monde inconnu. Ses premières années, celles dont on se souvient toujours, il les avait passées dans une de ces demeures qui semblent encore garder l'empreinte des antiques vertus et des vieilles habitudes parlementaires. Malgré l'ardeur inquiète de son esprit, il s'était accoutumé à tout ce qu'il y a de régulier et de stable dans la loi, dont il fut long-temps l'organe. Aussi l'ancienne France avec son ordre établi, ses distinctions marquées, avec l'autorité de ses institutions consacrées par des siècles, lui apparaissait-elle sans cesse au milieu de la France nouvelle; aussi n'avait-il d'admiration que pour l'immuable: une progression vers le mieux entraînait un changement; tout changement lui semblait une secousse: on eût dit que les commotions violentes l'avaient dégoûté même du mouvement. Sous l'influence de ces idées, il écrivit la Théorie des révolutions. Dans cet ouvrage, de vastes connaissances sont unies à des vues souvent profondes; mais peut-être l'auteur exige-t-il trop évidemment de l'histoire qu'elle se plie à sa pensée dominante : il force toutes les révolutions du monde à déposer contre une seule, tous les siècles contre un moment; et ne fait plus, si j'ose mêler une critique à mes éloges, qu'un ouvrage de circonstance sur l'univers.

C'est dans l'Esprit de l'histoire que M. le comte FERRAND s'élève, plus que dans aucun autre de ses écrits, à la hauteur de son talent; voilà sans doute le plus beau de ses titres à l'honneur qu'il eut de siéger parmi vous : partout ici de graves instructions, des faits enchaînés avec art, des conséquences déduites avec force; partout un amour de la monarchie qui n'exclut point dans l'auteur un respect profond des libertés politiques et religieuses. Que puis-je ajouter à cet éloge si ce n'est que, dans aucun de ses ouvrages, M. le comte FERRAND n'a cédé à ce besoin de satisfaire toutes les opinions, dont l'effet le plus ordinaire est de n'en contenir aucune. Loin de lui ces précautions dont on enveloppe sa pensée jusqu'à l'étouffer, pour la rendre supportable aux autres. Ce n'est point un de ces timides esprits qui n'ont de franchise que pour la moitié de la vérité, et se travaillent sans cesse à courtiser le lecteur par quelque demi-sacrifice. C'est un vieil ami de bonne foi qui aime mieux lui déplaire que le flatter.

Qu'il me soit permis d'examiner, dans ce sanctuaire des lettres, quelle est, sur les ouvrages de l'esprit, l'influence de cette bonne foi avec soi-même et avec le lecteur, de cette conscience en littérature. Buffon l'a dit, Messieurs, dans son éloquent discours à vos devanciers, c'est elle qui donne au style tout son effet, au génie toute sa chaleur et sa piquante originalité; d'une phrase échappée à ce grand écrivain peut naître un discours utile. Je n'entends pas seulement ici par conscience, ce respect pour le public, qui ne laisse pas sortir de vos mains ce que vous sentez indigne de vous et de lui. Sans doute, un goût délicat devient en nous comme un remords qui nous tourmente et nous force de corriger les défauts que notre paresse ou notre vanité en révolte avait long-temps défendus. Rien d'entièrement beau, je le sais; rien qui porte en soi le caractère de la perfection et de la durée, sans cette patience que Buffon appelait le génie, et qui n'en est, je crois, que la moitié : mais aussi rien de puissant sur la raison ou sur les cœurs, sans une conviction courageuse qui est la conscience de l'écrivain. Elle peut nous égarer sans doute, parce qu'elle agit d'autant plus violemment au dehors qu'elle est en nous plus passionnée. Mais n'est-ce pas une preuve irrécusable de son pouvoir, qu'elle soit encore, même dans celui qui se trompe, un moyen de tromper les autres? Puisqu'elle donne à l'erreur un triomphe passager, que ne fera-t-elle pas pour la vérité, qui est éternelle? Mais si elle nous manque, si l'intérêt la tient captive au fond de nos cœurs, ou si la crainte la fait taire, en vain serions-nous doués de qualités éminentes, en vain l'étude aurait-elle ajouté à ces dons de la nature. Rappelons-nous cette loi d'Athènes qui frappait de mort tout citoyen assez faible pour ne pas embrasser un parti; c'est contre nos écrits qu'elle a son application rigoureuse. Condamnés à leur naissance, ils portent la peine de notre faiblesse. Comme nous ne saurions leur communiquer une ame que nous n'avons pas, nous n'enfantons que des productions sans vie, que des paroles d'une élégance froide et morte, que des cadavres, que des ombres.

Une hésitation continuelle dans l'auteur produit l'indécision dans les autres; comment le croire, s'il n'a pas l'air de se croire lui-même? On se défie de ceux qui cherchent à déguiser leur pensée; l'on plaint ceux qui n'ont pas le courage de la dire : il arrive même qu'on leur préfère l'homme médiocre, mais convaincu, parce qu'on trouve en lui je ne sais quoi de hardi et de vrai qui a au moins le charme du naturel. Ne cherchez point des armes contre moi dans la philosophie douteuse de Montaigne; l'attrait irrésistible qui nous ramène sans cesse à ce livre de bonne foi, n'est-il pas la sincérité? Il y a peut-être quelque audace à examiner quand tout le monde croit. Et d'ailleurs, quelle conviction de cœur pour de hautes vérités! quel amour de la vertu! que d'horreur des préjugés qui torturent la vie et qui enlaidissent la mort! quel sentiment exquis des jouissances de l'amitié! Mais je m'aperçois trop tard que, par cet éloge de Montaigne, je vous rappelle une voix qui vous est chère et qu'une souffrance momentanée condamne au silence; je m'arrête, vos souvenirs seraient plus éloquens que mes paroles.

Cette conscience, qui vous plaît jusque dans le doute et vous rend la médiocrité tolérable, concevez-la unie à l'audace d'un esprit décidé, à un jugement sain, à une imagination forte et mobile; maîtresse d'une belle ame, qu'elle y parle en souveraine, tout haut et sans crainte; du génie elle reçoit sa force, il reçoit d'elle son empire : il faut que tout se soumette à l'écrivain armé de cette double puissance. Négligé, incorrect même, il a un langage qui n'est qu'à lui. Quels que soient ses écarts, il marche seul au milieu de la foule; il lui est donné de faire haïr ce qu'il hait, de faire aimer ce qu'il aime, d'entrer de vive force dans les cœurs, où il excite des ravissemens d'enthousiasme, et d'attacher une ineffable jouissance au sentiment même de sa supériorité dont il les accable. Enfin, il jouit du seul privilége qui ait quelque chose de divin, celui de régner par la pensée, et de donner, après Dieu, une ame à ceux qui l'écoutent. Il est lui-même; il se réfléchit dans ses ouvrages, et c'est là le secret de ses triomphes. Qu'on ne dise pas que les principes des grandes inspirations s'épuisent et ne sauraient se reproduire à l'infini sous des formes toujours nouvelles : communs à tous, ils vous deviennent propres par l'originalité qu'ils empruntent de votre nature; et, diversement affectés, c'est en restant vous-mêmes que vous ne ressemblez à personne. Ainsi brillent à la fois d'un éclat différent ces éloquences que nous voyons triompher tour à tour dans nos débats politiques, soit par cette franchise guerrière et cette énergie de l'ame dont les élans nous entraînent, soit par l'irrésistible ascendant d'une raison plus froide, ou par ce coloris presque involontaire de l'expression qui trahit encore dans l'orateur l'imagination du grand écrivain. Ainsi, piquante et ingénieuse quand elle prononce ses jugemens sur Louis XIV, l'histoire, qui change de ton en changeant d'interprète, raconte avec un intérêt plus grave les sanglans démêlés de Gênes et de Venise. Rien n'est épuisé; j'en atteste cette foule de productions heureuses qui ont enrichi notre siècle : la tyrannie domestique trouvant sa punition dans son excès ; l'avarice châtiée par l'élégante raillerie de l'auteur du Trésor; la dignité paternelle éloquemment vengée dans les deux Gendres ; j'en prends à témoin les tableaux plus naïfs d'un héritier de Lesage, qui semble dans une double carrière vouloir faire oublier que l'auteur de Gil Blas et de Turcaret a aussi manqué à votre gloire. Quoi de plus nouveau que cette conquête faite sur l'histoire par la comédie ? Nous avons vu la conjuration de Pinto nous présenter dans les petites causes les ressorts cachés des grands évènemens, et nous conduire, à travers la foule des incidens comiques, à la plus imposante catastrophe qui puisse changer la face d'un empire. Après toutes les séductions de Zaïre, la magie des noms français n'a-t-elle pas prêté un charme inconnu au grand-maître des chevaliers du Temple et au jeune Marigny ? Déjà fière d'avoir opposé Paul et Virginie aux plus douces fictions de la pastorale chez tous les peuples, la religion n'a-t-elle pas lutté avec gloire contre tous les souvenirs épiques d'un amour malheureux, lorsqu'elle s'est assise entre Eudore et Velléda sous les forêts des Druides ?

Ah ! quand votre gloire le proclame, qu'il me soit permis de le croire dans l'intérêt de cette génération naissante à laquelle je m'honore d'appartenir, il est encore possible de créer pour qui veut rester fidèle à sa nature. Ces innovations dont le besoin tourmente tous les esprits, et que semble appeler une littérature enrichie et comme fatiguée par tant de chefs-d'œuvre, c'est au théâtre qu'elles ont surtout leurs triomphes et leurs dangers. Sur cette mer tant de fois et si glorieusement parcourue, on ne peut rien découvrir sans s'exposer aux orages. Là aussi, Messieurs, s'il m'est permis de rappeler une fiction poétique, là s'élève ce génie des tempêtes dont parle Camoëns ; il arrête, il épouvante le jeune poète qui se sent prédestiné aux hasardeuses entreprises ; il lui montre les écueils, i lui nomme les nochers malheureux, il lui raconte les naufrages : « Tu t'égares ; ne tente pas des

» routes nouvelles : tout finit à cet horizon où ta
» vue s'arrête. Au delà de cette limite, plus d'astres
» pour te guider, plus de flots pour te soutenir;
» rien que le naufrage et l'abîme. » Mais qu'importent ces effrayantes prophéties, si le génie du poète le précipite malgré lui dans les hasards ! dût-il se perdre, il s'ouvrira des chemins, il affrontera les écueils, au risque de s'y briser ; si l'horizon qui le presse ne peut le contenir, pour se faire de l'espace, il en franchira les bornes. Il attachera son nom à quelques régions ignorées jusqu'à lui ; et, comme les mondes réels, ces terres inconnues ne dateront leur existence que du jour de leur découverte.

Mais à travers tant de périls, qui peut nous conduire à cette gloire, objet idéal de toutes les ambitions en littérature ? Une religieuse conscience, une audace réglée par la raison. Raisonnables avant tout, marchons ensuite avec indépendance, sans céder aux opinions exclusives, sans nous soumettre en aveugles aux théories qui veulent devancer l'art et qui ne doivent venir qu'après lui. Quel génie créateur se révoltera contre les formes anciennes pour s'en laisser prescrire de nouvelles ? ce ne serait que changer de servitude. Le mépris des règles n'est pas moins insensé que le fanatisme pour elles. Quand d'imposantes beautés peuvent justifier nos écarts, c'est aimer l'esclavage, c'est immoler la vraisemblance à la routine, que de presser notre sujet dans des entraves qu'il repousse. Mais s'affranchir des règles pour se faire singulier, lorsque l'action dramatique les comporte, c'est chercher son triomphe dans une servile concession aux idées du moment, et le pire des esclavages est celui qui joue la liberté. Admirateurs ardens de Sophocle, sachons donc admirer Shakespeare et Goëthe, moins pour les reproduire en nous, que pour apprendre en eux à rester ce que la nature nous a faits. Quel que soit le parti littéraire qui nous adopte ou nous rejette, cherchons le vrai en évitant la barbarie; sans confondre la liberté avec la licence, obéissons aux besoins d'un sujet dont le développement nous emporte : mais ne nous attachons pas au char d'un écrivain fameux, pour nous faire traîner à la réputation sous sa livrée. Ce qui est vrai en lui est faux en nous ; ce qui le jette hors des rangs nous confond avec la foule. Soyons nous-mêmes ; nos idées et nos sentimens sauront se revêtir en naissant de couleurs inusitées, et voilà l'originalité véritable. Celle qu'on cherche ailleurs n'est qu'une imitation plus ou moins docile, que la pâle copie ou la caricature bizarre de l'originalité d'autrui. N'oublions pas surtout que le premier devoir de l'écrivain est le respect pour la langue. Chez tous les peuples, elle a ses qualités comme ses défauts qui la distinguent, et voulût-on la corriger ou l'enrichir, on ne peut lui faire violence sans dénaturer son caractère national. La langue française si rigoureuse dans ses aversions, ennemie impitoyable de toute obscurité, est la plus universelle et la plus calomniée ; elle n'admet, il faut l'avouer, que les hardiesses qui se cachent ; elle n'accepte que les dons qu'on lui déguise : mais Corneille et Racine ont prouvé qu'au théâtre il n'est point de hauteurs inaccessibles pour elle, point d'humbles familiarités où elle ne puisse descendre ; et la plus singulière des innovations, la création de toutes la plus sublime et la plus inattendue, serait encore d'écrire comme eux.

Ainsi, Messieurs, la pureté du langage et la candeur dans l'expression de la pensée donnent aux ouvrages de l'esprit ce charme qui en établit d'abord les beautés originales, et cette vérité qui les fait vivre toujours. Mais, pour que les tableaux soient fidèles, pour que les vices du siècle s'y montrent sans voile, et que la tragédie, plus sincère, devienne une représentation animée de l'histoire, les lettres réclament l'appui d'une liberté sage. Que d'espérances n'avons-nous pas droit de fonder sur cette protectrice naturelle de tout ce qui se rattache à la dignité humaine ? La première pensée du monarque fut pour elle ; nous la verrons, à l'ombre de cette puissance auguste, ouvrir une plus noble carrière aux travaux de l'imagination, un champ plus vaste aux jeux du théâtre. Affranchie de ses entraves, puisse-t-elle répondre à ce bienfait d'un petit-fils de Louis XIV par quelques-uns de ces immortels ouvrages, non moins glorieux au génie qui les enfante, qu'au prince assez grand pour en jouir et les protéger ! Avec les acclamations du peuple, qu'elle lui porte les hommages des arts, les vœux reconnaissans des lettres ! Au milieu des fêtes d'un nouveau règne, il a voulu l'associer aux pompes de sa puissance, pour mêler un éclat durable à tant de magnificences passagères. Ah ! qu'elle soit l'ornement solide de son trône, qu'elle en soit à jamais la décoration vivante, comme dans ces solennités où, sacrée avec lui, elle s'est mise, devant Dieu et devant les hommes, sous la garde de ses sermens !....

FIN.

TABLE DES MATIÈRES

CONTENUES

DANS CE VOLUME.

PAGES.

Marino Faliéro.	1
Louis XI.	157
Note sur les Vêpres Siciliennes.	374
Note sur l'Ecole des vieillards.	380
Discours prononcé par M. C. Delavigne.	383

www.ingramcontent.com/pod-product-compliance
Lightning Source LLC
Chambersburg PA
CBHW071852230426
43671CB00010B/1307